冰雪追梦

话说世界冬奥会

刘兴忠 著

北京联合出版公司

Beijing United Publishing Co.,Ltd.

图书在版编目（CIP）数据

冰雪追梦 / 刘兴忠编 . -- 北京：北京联合出版公司 , 2017.1
（2021.9 重印）
ISBN 978-7-5502-9373-1

Ⅰ . ①冰… Ⅱ . ①刘… Ⅲ . ①冬季奥运会—介绍Ⅳ . ① G811.212

中国版本图书馆 CIP 数据核字（2016）第 288093 号

冰雪追梦

作　　者：刘兴忠
出 品 人：唐学雷
出版监制：刘　凯　马春华
责任编辑：唐乃馨　赵晓秋
装帧设计：聯合書莊

北京联合出版公司出版
（北京市西城区德外大街83号楼9层　　100088）
北京联合天畅文化传播公司发行
北京美图印务有限公司印刷　新华书店经销
字数90千字　880毫米×1230毫米　1/32　6.5印张
2017年4月第1版　2021年9月第2次印刷
ISBN 978-7-5502-9373-1
定价：28.00元

目　录

冬季奥运会的起源

冬季奥运会简称冬奥会，是奥林匹克运动会的重要组成部分。冬季运动项目列入奥运会，始于 1908 年第 4 届奥运会，当时仅将花样滑冰列为比赛项目。1920 年第 7 届奥运会时除保留花样滑冰外，又将冰球列入比赛项目。由于增加了冰上项目的比赛，使这两届奥运会的会期延迟了数月之久。因此，国际滑冰联盟决定，在 1924 年第 8 届奥运会之前先在法国夏蒙尼举行国际冬季运动周，专门进行冬季项目的比赛。后来，国际奥委会正式确认夏蒙尼国际冬季运动周为第 1 届冬季奥运会，并规定，冬季奥运会也是 4 年一届，与夏季奥运会在同一年举行，但不得在同一城市。冬季奥运会届数的计算方法与夏季奥运会不同，是按实际举行的次数计算届次。会期原为 12 天，从第 15 届起改为 16 天。1924 年至 2014 年共举行了 22 届冬季奥运会，而且运动会的规模越来越大。1924 年第 1 届冬季奥运会只有 16 个国家和地区的 293 名运动员参加，比赛项目仅有 4 个，分 14 个单项。到 2014 年第 22 届冬季奥运会时，参加的国家和地区已达到 80 多个，运动员 2800 多名，比赛项目大项为 7 个，单项 98 个。目前，冬季奥运会举行比赛的项目有：滑雪（高山滑雪、越野滑雪、跳台滑雪等）、滑冰（速度滑冰、花样滑冰等）、冰球、有舵雪橇、无舵雪橇和现代冬季两项（滑雪、射击）。为使冬、夏两季奥运会不在同一年举行，国际奥委会决定将本应于 1996 年举行的第 17 届冬季奥运会提前于 1994 年在挪威的利勒哈默尔举行，第 18 届冬奥会定于 1998 年在日本的长野举行，从而解决了冬奥会与夏奥会"撞车"问题。

冬奥会的正式比赛项目也在不断变化和增多。1924 年第一届冬奥会时仅设滑雪（越野滑雪、跳台滑雪、北欧两项）、滑冰（速度滑冰、花样滑冰）、有舵雪橇、冰球4个大项的14个小项。1998年第18届冬奥会时冰壶、女子冰球、滑板滑雪、女子跳台滑雪、女子雪车列入正式比赛项目。2002年第19届冬奥会时又将男子骨架雪橇、男女1500米短道速滑、男女短道越野滑雪、男子北欧两项短道、女子雪橇5个项目列入正式比赛项目。到第20届和第21届冬奥会时，正式比赛项目已达80多个小项。这些项目分布在滑雪和滑冰两大类的滑雪、滑冰、现代冬季两项、雪车、雪橇、冰球、冰壶这七大项中。这七大项中的小项也是逐渐演变而来的。如，滑雪类中包含有高山滑雪（男子速降、女子速降、男子超级大回转、女子超级大回转、男子大回转、女子大回转、男子回转、女子回转、男子全能、女子全能）、越野滑雪（男子15+15公里追逐赛、女子7.5+7.5公里追逐赛、男子个人竞速赛、女子个人竞速赛、男子团体竞速赛、女子团体竞速赛、男子4×10公里接力赛、女子4×5公里接力赛、男子15公里间隔出发、女子10公里间隔出发、男子50公里集体出发、女子30公里集体出发）、跳台滑雪（男子普通台单人、男子大台单人、男子大台团体）、自由式滑雪（男子空中技巧、女子空中技巧、男子雪上技巧、女子雪上技巧、男子趣味追逐、女子趣味追逐）、单板滑雪（男子平行大回转、女子平行大回转、男子U型池、女子U型池、男子越野赛、女子越野赛）、北欧两项（男子普通台单人10公里、男子大台单人10公里、男子普通台团体4×5公里）。滑冰类中包含速度滑冰（男子500米、女子500米、男子1000米、女子1000米、男子1500米、女子1500米、男子5000米、女子3000米、男子10000米、女子5000米、男子团体追逐赛、女子团体追逐赛）、花样滑冰（男子单人滑、女子单人滑、双人滑、冰舞）、短道速滑（男子500米、女子500米、男子1000米、女子1000米、男子1500米、女子1500米、男子3000米接力、女子3000米接力）。现代冬季两项（女子7.5公里短距离、男子10公里短距离、女子3000米接力）。现代冬季两项（女子7.5公里短距离、男子10公里短距离、女子10公里追逐赛、男子12.5公里追逐赛、女子15公里个人赛、男子20公里个人赛、女子12.5公里集体出发、男子20公里集体出发、女子 4×6 公里接力、男子 4×7.5 公里接力）。
雪橇（男子单人座、女子单人座、双人座）。雪车（男
子双人座、女子双人座、男子 4 人座、男子钢架雪车单
人座、女子钢架雪车单人座）。冰球（男子冰球、女子
冰球）。冰壶（男子冰壶、女子冰壶）。

冬季奥运会一览表

届次	时间	地点	参赛运动员人数	国家和地区
1	1924	夏蒙尼（法国）	293	16
2	1928	圣莫里茨（瑞士）	491	25
3	1932	普莱西德湖（美国）	307	17
4	1936	加米施－帕滕基兴（德国）	756	28
5	1948	圣莫里茨（瑞士）	713	28
6	1952	奥斯陆（挪威）	732	30
7	1956	科尔蒂纳丹佩佐（意大利）	924	33
8	1960	斯阔谷（美国）	665	31
9	1964	因斯布鲁克（奥地利）	1111	37
10	1968	格勒诺布尔（法国）	1158	37
11	1972	札幌（日本）	1012	35
12	1976	因斯布鲁克（奥地利）	1368	37
13	1980	普莱西德湖（美国）	1283	37
14	1984	萨拉热窝（南斯拉夫）	1483	49
15	1988	卡尔加里（加拿大）	1445	57
16	1992	阿尔贝维尔（法国）	1801	64
17	1994	利勒哈默尔（挪威）	1739	67
18	1998	长野（日本）	2177	72
19	2002	盐湖城（美国）	2508	80
20	2006	都灵（意大利）	2633	80
21	2010	温哥华（加拿大）	2632	82
22	2014	索契（俄罗斯）	2800	80

历届冬季奥运会

第 1 届冬季奥运会（1924 年　夏蒙尼）

1924 年 1 月 25 日至 2 月 4 日在法国夏蒙尼举行。参赛国有共有 16 个：挪威、芬兰、瑞典、瑞士、奥地利、美国、加拿大、法国、英国、意大利、比利时、捷克斯洛伐克、拉脱维亚、匈牙利、南斯拉夫和波兰。参赛运动员 293 人，其中女运动员 13 人。运动员人数最多的国家是：法国 43 人，英国 34 人，瑞典 31 人。参赛国

1924 年法国夏蒙尼首届冬奥会开幕式

代表团入场以国名的法文字母为序，奥地利率先，东道主在后。运动员宣誓由各队派一名代表复诵誓词。本届冬奥会共设有滑雪（越野滑雪、跳台滑雪、北欧两项）、滑冰（速度滑冰、花样滑冰）、有舵雪橇、冰球 4 个大项和 14 个单项。速度滑冰还列入全能赛，这是冬季奥运会仅有的一次。美国滑冰运动员朱特劳在 500 米速滑中首先夺魁，成为冬季奥运会首枚金牌获得者。芬兰的顿伯格和挪威的豪格分别在速度滑冰和滑雪比赛中获 3 枚金牌，并列本届冬奥会金牌榜首。豪格被誉为"滑雪之王"，挪威人为表彰他的贡献，特在他的家乡建立了纪念碑。冰球运动在美洲占有绝对优势，加拿大和美国以悬殊的比分战胜各自的欧洲对手。加拿大队在全部 5 场比赛中以 110 ： 3 的比分取得冠军，这在冰球史上是绝无仅有的。

本届冬奥会奖牌统计表

国 家	金 牌	银 牌	铜 牌
挪 威	4	7	6
芬 兰	4	3	3
奥地利	2	1	-
美 国	1	2	1
瑞 士	1	-	1
瑞 典	1	-	-
加拿大	1	-	1

第 2 届冬季奥运会（1928 年　圣莫里茨）

1928 年 2 月 11 日至 19 日在瑞士圣莫里茨举行。共有 25 个国家和地区的 491 名运动员（其中女运动员 27 人）参加比赛。运动员人数最多的国家是：德国 49 人、法国 41 人、奥地利 39 人。首次参赛的国家有德国、荷兰、罗马尼亚、立陶宛、卢森堡、墨西哥、阿根廷、爱沙尼亚、日本。日本派了 6 名选手出席，是亚洲第一个

1928年瑞士圣莫里茨冬奥会比赛场

参加冬季奥运会的国家。

申办本届冬季奥运会的有达沃斯、恩格尔堡、圣莫里茨3个城市。圣莫里茨获得主办权。本届冬奥会设4个大项和14个单项（因10000米速滑未举行，实为13项）。首次列入骨架雪橇；取消了速滑中的全能；有舵雪橇由4人座改为5人座。

冬奥会期间气温升高，10000米速滑这一项目被取消。有舵雪橇也因天气变暖，只得根据前两轮（规定为4轮）成绩宣布名次。获得这项冠军的16岁的菲克斯是美国获冬季奥运会金牌最年轻的运动员。

本届冬季奥运会成绩最突出的是挪威滑雪运动员格

勒图姆斯布罗滕，他在18公里越野滑雪和北欧两项中取胜。芬兰速滑运动员顿伯格获得两项冠军。加拿大在冰球比赛中取胜，蝉联冠军。本届冬季奥运会破1项奥运会纪录。

本届冬奥会奖牌统计表

国　家	金　牌	银　牌	铜　牌
挪　威	6	4	5
美　国	2	2	2
瑞　典	2	2	1
芬　兰	2	1	1
加拿大	1	-	-
法　国	1	-	-
加拿大	1	-	1

第3届冬季奥运会（1932年 普莱西德湖）

1932年2月4日至15日在美国普莱西德湖举行。东道国向56个国家和地区发出邀请，应邀参赛的有17个，运动员307个，其中女运动员30人。参赛运动员人数最多的国家是：美国92人，加拿大68人，德国20人。申办本届冬季奥运会的有贝尔堡、蒙特利尔、普莱西德湖、丹佛、德卢恩、明尼阿波利斯、约塞米特谷7个城

1932 年美国普莱西德湖冬奥会入场式

市。国际奥委会选定普莱西德湖为主办城市。这是承办过冬季奥运会的最小的城市。

开幕式于 2 月 4 日举行，纽约州州长罗斯福（后任美国总统）携夫人出席并主持了开幕式。他通过无线电发表了讲话，强调体育运动对促进人类相互了解的作用。在开幕式上，美国男子速滑运动员谢伊代表参赛运动员宣誓。本届冬季奥运会比赛仍保持 4 个大项、14 个单项。但单项略有变化，取消了骨架雪橇，增加了 10000 米速滑，有舵雪橇改为四人座，并首次列入双人座雪橇比赛。由于气温升高，积雪变得稀薄。在 18 公里越野滑雪比赛中，不少选手摔跤。50 公里比赛实际距离为 48.239 公里。

雪橇项目延期举行，其中四人座雪橇在大会闭幕后两天才告结束。比赛中女子单人花样滑冠军挪威运动员黑妮表演出色，获得7个裁判的最高分，蝉联冠军。美国选手伊根在四人座雪橇中夺冠，成为在冬、夏两季奥运会均获金牌的唯一选手。美国运动员谢伊和贾菲，均在速滑中两次取胜，是本届冬奥会获金牌最多的运动员。本届冬季奥运会仅平了1项奥运会纪录。

本届冬奥会奖牌统计表

国　家	金　牌	银　牌	铜　牌
美　国	6	4	2
挪　威	3	4	3
瑞　典	1	2	-
加拿大	1	1	5
芬　兰	1	1	1
奥地利	1	1	-
法　国	1	-	-

第4届冬季奥运会（1936年　加米施－帕滕基兴）

1936 年 2 月 6 日至 16 日在德国加米施 - 帕滕基兴举行。共有 28 个国家和地区的 756 名运动员（其中女运动员 76 人）参加比赛。参赛运动员人数最多的国家是：奥地利 87 人，德国 71 人，捷克斯洛伐克 58 人。首次参赛的国家有澳大利亚、西班牙、土耳其、保加利亚、列支敦士登。申办本届冬季奥运会的只有德国的加米施 -

时任德国总理希特勒参加开幕式

帕滕基兴。同年的夏季奥运会在德国柏林举行。希特勒上台后，不少国家反对在德国举办这次冬季奥运会。国际奥委会主席巴耶－拉图尔曾当面谴责希特勒的反犹太人行动，由于希特勒假意接受实则施以欺骗手段，冬奥会还是按原定计划举行。法国布律内夫妇和美国谢伊等世界著名运动员先后发表声明拒绝参加这届冬奥会。

本届冬季奥运会仍保持 4 个大项，单项中首次增加了男女高山滑雪和男子 4×10 公里越野滑雪接力项目，单项总数为 17 个。挪威花样滑冰运动员黑妮在女子单人滑比赛中第三次夺冠。英国冰球队击败加拿大队获取冠军。挪威速滑运动员巴兰格鲁德连获 500 米、5000

米和 10000 米 3 项冠军，是本届获金牌最多的选手。本届冬季奥运会共破、平 4 项奥运会纪录。

本届冬奥会奖牌统计表

国　家	金　牌	银　牌	铜　牌
挪　威	7	5	3
德　国	3	3	-
瑞　典	2	2	3
芬　兰	1	2	3
瑞　士	1	2	-
奥地利	1	1	2
英　国	1	1	1
美　国	1	-	3

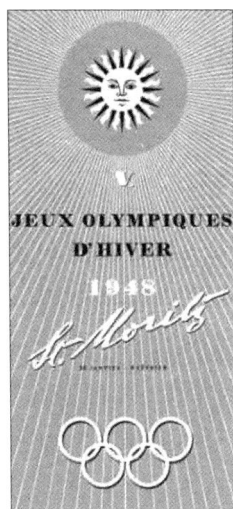

第 5 届冬季奥运会（1948 年　圣莫里茨）

1948 年 1 月 30 日至 2 月 8 日在瑞士圣莫里茨举行。共有 28 个国家和地区的 713 名运动员（其中女运动员 77 人）参加。参赛人数最多的国家是：瑞士 75 人，美国 72 人，英国 60 人。首次参赛的国家有冰岛、丹麦、黎巴嫩、智利和韩国。第二次世界大战使两届冬季奥运会中断。申办城市仅圣莫里茨一个，在获得主办权后其

运动员在比赛中

成为第一个承办两届冬季奥运会的城市。

本届冬奥会效益在赛场上安装自动计时装置。比赛项目为 4 个大项，单项中恢复了骨架雪橇，增加了高山滑雪中的男、女回转和滑降，单项总数共为 22 项。美国派出两个队参加冰球比赛，一个属美国奥委会，另一个属美国业余冰球联合会，经协商美国奥委会派出的代表队代表美国出席开幕式但不参加比赛，美国冰联派出的代表队参加比赛，但不计名次。这在奥运会历史上是仅有的一例。美国选手巴顿获得本届冬奥会男子单人花样滑金牌。加拿大队战胜捷克斯洛伐克队，夺得冰球冠军。法国滑雪运动员奥雷耶和瑞典运动员伦德斯特隆分别在高山滑雪和越野滑雪中各两次取胜，是本届冬奥会获金牌最多的两名选手。本届冬季奥运会共破两项奥运会纪录。

本届冬奥会奖牌统计表

国　家	金　牌	银　牌	铜　牌
瑞　典	4	3	3
挪　威	4	3	3
瑞　士	3	4	3
美　国	3	4	2
法　国	2	1	2
加拿大	2	-	1
奥地利	1	3	4
芬　兰	1	3	2
比利时	1	1	-
意大利	1	-	-

第 6 届冬季奥运会（1952 年　奥斯陆）

1952 年 2 月 14 日至 25 日在挪威首都奥斯陆举行。共 30 个国家和地区的 732 名运动员（其中女运动员 108 人）参赛。参赛运动员人数最多的国家是：挪威 85 人，瑞士 79 人，美国 66 人。首次参加冬季奥运会的国家有新西兰和葡萄牙。联邦德国和日本重新获得参赛资格。申办本届冬季奥运会的有普莱西德湖、科尔蒂纳丹

1952 年挪威奥斯陆冬奥会点火仪式

佩佐和奥斯陆三个城市。经国际奥委会会议决定由奥斯陆承办。这是迄今举办冬季奥运会的最大城市。

2月14日，在冬奥会开幕式上，首次在主运动场点燃奥林匹克火焰。火种引自挪威冰雪运动奠基人诺德海姆生前居住过的莫尔盖达村的一所石房中。火炬接力途经在北欧运动会、霍尔门科伦滑雪大赛和冬季奥运会中取得优异成绩的挪威选手们所在的城市和村镇。大会上挪威奥委会向国际奥委会赠送了一面五环的奥林匹克旗，这面旗成为以后冬季奥运会的专用会旗。本届冬奥会的比赛项目为4个大项，单项中骨架雪橇被取消，首次增加了女子10公里越野滑雪，男女高山两项改为大回转，形成传统的高山 3 项：滑降、回转、大回转，单项总数为 22 项。挪威男女选手在滑雪赛中四获金牌；联邦德国包揽下有舵雪橇全部冠军；美国运动员劳伦斯 - 米德在女子回转、大回转比赛中独得两枚金牌；加拿大获冰球冠军；美国运动员巴顿蝉联男子单人花样冠军。本届冬奥会获金牌最多的是挪威运动员安德森，他在速滑比赛中共获 3 项冠军。本届冬奥会共破两项奥运会纪录。

本届冬奥会奖牌统计表

国　家	金　牌	银　牌	铜　牌
挪　威	7	3	6
美　国	4	6	1
芬　兰	3	4	2
联邦德国	3	2	2
奥地利	2	4	2
意大利	1	-	1
加拿大	1	-	1
英　国	1	-	-

第 7 届冬季奥运会（1956 年　科尔蒂纳丹佩佐）

　　1956 年 1 月 26 日至 2 月 5 日在意大利的科尔蒂纳丹佩佐举行。共有 33 个国家和地区的 924 名运动员（其中女运动员 146 人）参加比赛。参赛运动员人数最多的国家是：美国 67 人，意大利 65 人，德国联队 63 人（民主德国 12 人，联邦德国 51 人）。首次参赛的有伊朗、玻利维亚、苏联，以及德意志民主共和国和德意志联邦

1956 年意大利科尔蒂纳丹佩佐冬奥会开幕式

共和国组成的联队。申办本届冬季奥运会的有奥斯陆、科罗拉多 - 斯普林斯和科尔蒂纳丹佩佐 3 个城市。1949年国际奥委会在罗马开会表决，科尔蒂纳丹佩佐获得主办权。科尔蒂纳丹佩佐的冰雪运动设施完善，为花样滑冰和冰球比赛修建了一个有 4 层看台，可容纳 1—1.2万观众的大型冰场。

开幕式于 1 月 26 日上午 11 时举行。意大利总统格龙基出席了开幕式。本届冬奥会点燃奥林匹克火焰的是意大利著名男子速滑运动员卡罗利。代表运动员宣誓的是意大利上届奥运会女子滑降铜牌获得者米鲁佐，她是奥运史上第一个担任宣誓人的女性。本届冬奥会比赛项目为4个大项。单项中男子18公里越野滑雪改为15公里，北欧两项中的越野滑雪距离与此相同。还增加了男子30公里和女子3×5公里接力滑雪，单项总数为24项。

本届冬奥会首次参赛的苏联队，在速滑中连获3项冠军；在冰球比赛中击败加拿大队夺得金牌。奥地利选手扎伊勒包揽了男子高山滑雪3枚金牌，成为滑雪史上首次取得这样成绩的选手。日本选手猪谷千春在高山滑雪回转项目比赛中获得银牌，这是亚洲运动员在冬季奥运会上获得的第一枚奖牌。本届冬奥会苏联选手格里申以40″2的成绩首创速度滑冰500米世界纪录，又与队友米哈伊洛夫同时以2′08″6成绩刷新1500米世界纪录，并列冠军。

本届冬奥会奖牌统计表

国　家	金　牌	银　牌	铜　牌
苏　联	7	3	6
奥地利	4	3	4
芬　兰	3	3	1
瑞　士	3	2	1
瑞　典	2	4	4
美　国	2	3	2
挪　威	2	1	1
意大利	1	2	-
德　国	1	-	1

第 8 届冬季奥运会（1960 年　斯阔谷）

1960 年 2 月 18 日至 28 日在美国斯阔谷举行。共有 31 个国家和地区的 665 名运动员（其中女运动员144 人）参加比赛。参赛运动员人数最多的国家是：美国 79 人，德国 74 人（民主德国 30 人，联邦德国 44 人），苏联 62 人。申办本届冬季奥运会的有加米施 - 帕滕基兴、因斯布鲁克、卡拉奇和斯阔谷 4 个城市。国际奥委会会

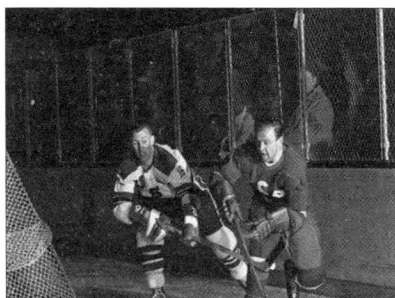

运动员在比赛中

议表决,由斯阔谷承办本届冬奥会。斯阔谷海拔1889米,冬季奥运会首次在这样的海拔高度举行。大会组委会修建了奥运村,在冬季奥运会历史上尚属首次。还在赛场安装了一台电子计算机,只需几秒钟就能用英、法两种文字公布每项比赛的成绩,并附有运动员简历。

2月18日举行了隆重的开幕式,有1.5万名观众参加。曾获两届冬奥会冠军的劳伦斯-米德高擎奥林匹克火炬进入会场,美国速滑运动员亨利点燃焰塔上的奥林匹克火焰。本届冬季奥运会比赛项目中,有舵雪橇首次列入现代冬季两项,大项数为4项。现代冬季两项由滑雪和射击两个完全不同的项目组成,具有军事意义。本届单项只列了男子 20 公里个人赛。单项中增加了女子速滑，单项总数为 27 个。美国首次获得冰球冠军。苏联滑冰运动员格里申和斯科布利科娃分别在男女速滑比赛中两次夺魁，是本届冬奥会获金牌最多的两名选手。本届冬奥会共破 5 项、平 1 项奥运会纪录，破两项世界纪录。在 2 月 28 日闭幕式上，大会组委会组织了一次优秀运动员破纪录赛。苏联运动员格里申以 39″6 的成绩再破世界纪录，成为世界上第一个用不到 40 秒的时间滑完 500 米的选手。

本届冬奥会奖牌统计表

国　家	金　牌	银　牌	铜　牌
苏　联	7	5	9
德　国	4	3	1
美　国	3	4	3
挪　威	3	3	-
瑞　典	3	2	2
芬　兰	2	3	3
加拿大	2	1	1
瑞　士	2	-	-
奥地利	1	2	3
法　国	1	-	2

第 9 届冬季奥运会（1964 年　因斯布鲁克）

1964 年 1 月 29 日至 2 月 9 日在奥地利的因斯布鲁克举行。共有 37 个国家和地区的 1111 名运动员（其中女子197 人）参赛。参赛运动员人数最多的国家是：德国96人（以德国联队名义参赛，民主德国 40 人，联邦德国 56 人），美国 90 人，奥地利 83 人。首次参赛的国家有朝鲜、印度和蒙古。申办本届冬季奥运会的城市有卡尔加里、拉提和

1964 年奥地利因斯布鲁克奥运会赛场

因斯布鲁克。经国际奥委会开会表决，决定由因斯布鲁克承办。从本届冬奥会开始，奥林匹克火种改为从奥林匹亚引燃。本届冬奥会点燃主运动场奥林匹克圣火的是奥地利运动员里德。本届冬奥会恢复了有舵雪橇，首次列入了无舵雪橇。本届奥运会比赛项目为 6 个大项，单项中增加了女子 5 公里越野滑雪，90 米跳台滑雪，恢复和新设了 5 个雪橇单项，单项总数为 34 个。

大会首次出现了因"职业"选手问题而被除名的事例。在花样滑冰男女双人滑比赛中获得银牌的德国联队选手基莉乌斯和博伊姆勒，因被发现赛前违反了国际奥委会有关业余原则的规定于 1966 年被取消获奖资格。

奥地利选手在男女高山滑雪比赛中三次夺冠。苏联运动员博亚尔斯基赫包揽了女子越野滑雪的 3 项金牌；芬兰运动员曼蒂兰塔在男子越野滑雪比赛中也两次获胜，法国运动员古瓦切尔姐妹获得了高山滑雪比赛中的回转和大回转冠、亚军。苏联速滑选手斯科布利科娃，获得女子速滑 4 枚金牌，成为本届冬奥会获金牌最多的运动员。朝鲜选手韩弼花在 3000 米速滑比赛中获得银牌，是亚洲女子在冬季奥运会中获得的第一枚奖牌。本届冬季奥运会共破 5 项奥运会纪录。

本届冬奥会奖牌统计表

国　家	金　牌	银　牌	铜　牌
苏　联	11	8	6
奥地利	4	5	3
挪　威	3	6	6
芬　兰	3	4	3
法　国	3	4	-
瑞　典	3	3	1
德　国	3	2	3
美　国	1	2	4
荷　兰	1	1	-
加拿大	1	-	2
英　国	1	-	-

第 10 届冬季奥运会 （1968 年　格勒诺布尔）

　　1968 年 2 月 6 日至 18 日在法国东南部山城格勒诺布尔举行。共有 37 个国家和地区的 1158 名运动员（其中女运动员 202 人）参加比赛。参赛运动员人数最多的国家是：美国 115 人，联邦德国 100 人，法国 89 人。首次参赛的国家有摩洛哥。从本届起又各自独立组队参赛。申办本届冬季奥运会的城市有卡尔加里、拉提、普莱西德湖、札幌、

1968 年法国格勒诺布尔冬奥会赛场

奥斯陆和格勒诺布尔。经国际奥委会开会表决，决定由格勒诺布尔承办。组委会用 16 个月的时间兴建了一个能容纳 1.2 万个观众座席的冰场，新建了奥运村。

本届冬奥会比赛项目增加了现代冬季两项的 4×7.5 公里接力，单项总数达到 35 个。大会受到气温影响，应赛 4 轮的雪橇比赛仅赛完 3 轮。本届冬奥会挪威队居金牌榜首，苏联队获 5 枚金牌，意大利队在雪橇比赛中获取了有舵雪橇的全部冠军，并获得无舵雪橇比赛中的 1 枚金牌。瑞典女选手古斯塔夫松和挪威男选手格隆宁根、埃勒夫塞特，在越野滑雪比赛中各获 2 枚金牌。意大利男子雪橇运动员蒙蒂和德保利斯在有舵雪橇比赛中均获冠军。本届冬奥会成绩最佳者是法国运动员基利，他获取了男子高山滑雪的全部（3项）冠军，是这次大会获金牌最多的选手。本届冬季奥运会共破6项奥运会记录。

本届冬奥会奖牌统计表

国　家	金　牌	银　牌	铜　牌
挪威	6	6	2
苏联	5	5	3
法国	4	3	2
意大利	4	-	-
奥地利	3	4	4
荷兰	3	3	3
瑞典	3	2	3
联邦德国	2	2	3
美国	1	5	1
芬兰	1	2	2
民主德国	1	2	2
捷克斯洛伐克	1	2	1
加拿大	1	1	1

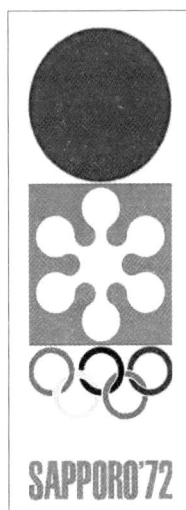

第11届冬季奥运会（1972年 札幌）

1972年2月3日至13日在日本札幌举行。共有35个国家和地区的1012名运动员（其中女运动员204人）参赛。参赛运动员人数最多的国家是：美国138人，联邦德国116人，日本110人。首次参加的有菲律宾。中国台湾有5名运动员参赛。申办本届冬季奥运会的城市有斑夫、拉提、盐湖城和札幌。经国际奥委会开会表决，决定由札幌承办。冬季奥运会自 1924 年举办以来，第一次在亚洲举行。本届冬奥会修建了一个大型冰场，增设了体育设施，使札幌成为亚洲有名的冰雪运动城。奥林匹克圣火引自奥林匹亚。火炬传到日本后，组委会组织了 1.5 万名 11—20 岁的青少年进行火炬接力跑。本届比赛项目与上届完全相同。

比赛中民主德国以男选手沙伊德尔和女选手米勒为首的 6 名男女运动员包揽了无舵雪橇男女单座 6 枚奖牌，在男子双座雪橇比赛中与意大利并列冠军。世界著名的北欧两项运动员民主德国的韦林，意大利男子高山滑雪运动员托尼、苏联花样滑冰运动员罗德尼娜，都是首次参赛，并在比赛项目中取胜。东道主以笠谷幸生为首的 3 名运动员获得了 70 米跳台滑雪全部奖牌。笠谷幸生是日本也是亚洲第一个冬季奥运会金牌获得者。瑞士 17 岁的运动员纳迪希在高山滑雪比赛中和苏联的韦杰宁在越野滑雪比赛中各获两枚金牌。韦杰宁是本届冬奥会的第一个冠军，也是苏联在男子越野滑雪比赛中第一个夺冠者。本届冬奥会成绩最突出的是荷兰运动员申

1972 年日本札幌冬奥会跳台滑雪赛场

克和苏联运动员库拉科娃。前者在男子速滑比赛中三次
夺冠；后者在女子越野滑雪比赛中取胜，各以 3 枚金牌
并列榜首。本届冬季奥运会共破 7 项奥运会纪录。

本届冬奥会奖牌统计表

国 家	金 牌	银 牌	铜 牌
苏 联	8	5	3
民主德国	4	3	7
瑞 士	4	3	3
荷 兰	4	3	2
美 国	3	2	3
联邦德国	3	1	1
挪 威	2	5	5
意大利	2	2	1
奥地利	1	2	2
瑞 典	1	1	2
日 本	1	1	1
捷克斯洛伐克	1	-	2
波 兰	1	-	-
西班牙	1	-	-

第 12 届冬季奥运会（1976　因斯布鲁克）

1976 年 2 月 4 日至 15 日在奥地利的因斯布鲁克举行。共有 37 个国家和地区的 1368 名运动员（其中女运动员 276 人）参加了 6 个大项 31 个单项的比赛。中国台湾派 6 名运动员参加。欧洲的安道尔和圣马力诺首次参加冬季奥运会。参赛运动员人数最多的国家是：美国 103 人，苏联 79 人，奥地利 77 人。申请主办这届冬奥会的城市有丹佛、

1976年奥地利因斯布鲁克冬奥会火炬

普莱西德湖、温哥华、格拉纳达、拉提、坦佩雷、锡昂、夏蒙尼和因斯布鲁克。美国的丹佛于1970年就已赢得主办权。但1972年底科罗拉多州民众投票反对拨出举办经费,不得不放弃主办权。因斯布鲁克赢得主办权,成为继圣莫里茨之后第二个两次举办冬季奥运会的城市。

2月4日,奥地利总统基尔施莱格亲临会场主持冬奥会的开幕式。主会场竖立了两座奥运火焰塔。曾获第9届冬奥会滑雪金牌和无舵雪橇金牌的奥地利运动员哈斯和法伊斯特曼特分别点燃两塔的奥林匹克火焰,标志着这里是两届冬奥会的举办地。有150万人观看了本届冬奥会。联邦德国的女子滑雪运动员米特迈尔夺得高山滑雪比赛中滑降和回转两枚金牌。苏联女选手斯梅塔宁娜在越野滑雪赛中获得 10 公里、4×5 公里接力两枚金牌和一枚银牌（5公里）。另一位苏联女选手库拉科娃获得 10 公里赛铜牌。苏联女选手阿韦林娜连获 1000 米和 3000 米速滑金牌和 500 米、1500 米铜牌。苏联女选手罗德尼娜和她的丈夫扎伊采夫共获男女双人滑冠军。英国选手 J·柯里在花样滑冰赛中获男子单人滑金牌。冰上舞蹈是苏联传统的强项，苏联也获得了本项比赛的金、银牌。雪橇 5 个项目的 5 枚金牌全由民主德国获取。本届冬季奥运会共破 8 项奥运会纪录。

本届冬奥会奖牌统计表

国　家	金　牌	银　牌	铜　牌
苏　联	13	6	8
民主德国	7	5	7
美　国	3	3	4
挪　威	3	3	1
联邦德国	2	5	3
芬　兰	2	4	1
奥地利	2	2	2
瑞　士	1	3	1
荷　兰	1	2	3
意大利	1	2	1
加拿大	1	1	1
英　国	1	-	-

第 13 届冬季奥运会（1980 年　普莱西德湖）

1980 年 2 月 13 日至 24 日在美国普莱西德湖举行。共有 37 个国家和地区的 1283 名运动员（其中女运动员 271 人）参加比赛。参赛运动员人数最多的国家是：美国 102 人，苏联 85 人，联邦德国 80 人。首次参赛的国家有哥斯达黎加、塞浦路斯、中国。中国奥委会派出 28 名男女运动员，参加了滑冰、滑雪、现代冬季两项等 18 个单

首次参加冬奥会的中国代表团在奥运村

项的比赛。申办本届冬季奥运会的城市有坦佩雷、温哥华和普莱西德湖。普莱西德湖于 1974 年提出申请，在两年以后的国际奥委会会议上获得了主办权，成为继圣莫里茨、因斯布鲁克之后第三个举办两届冬季奥运会的城市。1977 年新建了奥运村，扩建了一个能容纳 8000 观众的奥林匹克中心滑冰场，建造了两个滑雪台和雪橇滑道。

运动会于当地时间 2 月 12 日下午 2 时 30 分正式开幕。冬奥会组委会主席费尔和国际奥委会主席基拉宁先后讲话，美国总统代表副总统蒙代尔宣布大会开幕。本届冬奥会点燃主运动场奥林匹克火焰的是该市一位普通中年市民，代表运动员宣誓的是美国著名速滑运动员海登。大会比赛项目增加了现代冬季两项的10公里个人赛，单项总数达到38个。美国冰球队获胜，打破了自1964年以来苏联对这个项目的垄断。美国总统卡特亲自打电话祝贺，并邀请冰球运动员去白宫做客。世界名将苏联花样滑冰选手罗德尼娜和民主德国的北欧两项选手韦林，都是自1972年以来第三次夺得金牌。瑞典选手斯滕马克和列支敦士登的文策尔分别在男女高山滑雪比赛中两获冠军。仅两万人口的列支敦士登在本届冬奥会上获得金、银牌各2枚。苏联运动员阿利亚比耶夫和民主德国运动员佩措尔德也分别在冬季两项和女子越野滑雪中各获两枚金牌。苏联的齐米亚托夫在30公里、50公里和接力赛中接连取胜，成为冬季奥运会上男子越野滑雪赛中第一个获胜的选手。美国运动员海登是本届冬奥会最杰出的运动员，他获取了男子速滑全部（5项）冠军，是本届也是自1924年第1届冬季奥运会以来在一届冬奥会中获金牌最多的选手。被授予第13届冬季奥运会最佳运动员的称号。本届冬奥会共有63人108次破奥运会纪录，其中1项为世界纪录。

本届冬奥会奖牌统计表

国　家	金　牌	银　牌	铜　牌
苏　联	10	6	6
民主德国	9	7	7
美　国	6	4	2
奥地利	3	2	2
瑞　典	3	-	1
列支敦士登	2	2	-
芬　兰	1	5	3
挪　威	1	3	6
荷　兰	1	2	1
瑞　士	1	1	3
英　国	1	-	-

第 14 届冬季奥运会（1984 年　萨拉热窝）

1984 年 2 月 8 日至 19 日在南斯拉夫的萨拉热窝（现为波黑共和国首都）举行。共有 49 个国家和地区的 1483 名运动员（其中女运动员 308 人）参加比赛。参赛运动员人数最多的国家是：美国 110 人，苏联 101 人，联邦德国 91 人。首次参加的国家和地区有波多黎各、英属维尔京群岛、埃及、塞内加尔、摩纳哥和墨西哥。

1924 年以来首次有黑人选手出席。中国奥委会派出 37 名男女运动员参加了滑冰、滑雪和现代冬季两项的 26 个单项比赛。中国台北奥委会派出 14 名男女运动员参加了雪橇、现代冬季两项等比赛。这是海峡两岸中国选手第一次同时参加冬季奥运会。申办本届冬季奥运会的城市有哥德堡、札幌和萨拉热窝。萨拉热窝赢得了主办权。东道主自 1978 年 5 月开始筹备，投资 1.35 亿美元，耗时 5 年多兴建了两个冬季体育中心，整修了 4 个比赛场，建造了 A、B 两个奥运村。组委会还与洛杉矶奥运会组委会联合发行了友谊纪念章，这在奥运史上还是第一次。

冬奥会于 2 月 8 日下午 2 时 30 分在可容纳 5.5 万观众的科舍沃体育场（泽特拉体育中心）正式开幕。南斯拉夫主席团主席什皮利亚克和国际奥委会主席萨马兰奇出席了大会。本届冬奥会的奥林匹克火炬采取了与以往不同的传递方式，分南北两路进行火炬接力，最后于波黑会合。开幕式上，点燃主会场奥林匹克圣火的是南斯拉夫女子花样滑冰冠军杜布拉夫奇克。大会比赛项目增加了女子 20 公里越野滑雪，单项总数达到 39 个。本

南斯拉夫发行的第十四届冬奥会邮票

届冬奥会比赛成绩较为出色。苏联冰球队再次取胜，第6次蝉联冠军。民主德国获取了女子速滑和有舵雪橇全部（6项）冠军。民主德国名将维特首次在冬奥会上露面，并获女子单人花样滑冰冠军。民主德国女子速滑运动员恩克、加拿大男子速滑运动员鲍彻、瑞典越野滑雪运动员斯万和瓦斯伯格、民主德国有舵雪橇运动员霍佩和绍哈默尔各获得两枚金牌。成绩最突出的是芬兰女子越野滑雪运动员海迈莱宁，她接连获得5公里、10公里、20公里金牌和1枚接力铜牌，是本届冬奥会获得金牌数最多的运动员。本届冬奥会因受气候影响，仅女子项目破了4项奥运会纪录，其中1项为世界纪录。民主德国共获 9 枚金牌，超过自 1956 年以来 6 次居金牌首位的苏联。大会期间，国际奥委会在萨拉热窝召开第 87 次会议，决定从下一届起会期从 12 天延长到 16 天。为了表彰大会组委会为成功筹办本届冬奥会所作的贡献，萨马兰奇在 2 月 19 日的闭幕式上授予组委会主席米库利奇 1 枚奥林匹克金质勋章。

本届冬奥会奖牌统计表

国　家	金　牌	银　牌	铜　牌
民主德国	9	9	6
苏　联	6	10	9
美　国	4	4	-
芬　兰	4	3	6
瑞　典	4	2	6
挪　威	3	2	4
瑞　士	2	2	1
加拿大	2	1	1
联邦德国	2	1	1
意大利	2	-	-
英　国	1	-	-

Calgary '88

第 15 届冬季奥运会（1988 年　卡尔加里）

1988 年 2 月 13 日至 28 日在加拿大的卡尔加里举行。共有 57 个国家和地区的 1445 名运动员（其中女运动员 317 人）参加比赛。参赛运动员人数最多的国家是：美国 118 人，加拿大 113 人，苏联 103 人。首次参赛的国家和地区有斐济、关岛、危地马拉、牙买加、美属维尔京群岛。中国派出 13 名男女选手参加越野滑雪、花样滑冰和速度滑冰等比赛。中国台北奥委会派 14 名男女选手参加高山滑雪、有舵雪橇、无舵雪橇和花样滑冰等项目的比赛。申办本届冬季奥运会的城市有法伦、科尔蒂纳丹佩佐和卡尔加里，卡尔加里赢得主办权。多年来，冬季奥运会常为冰雪苦恼，有时甚至不得不中止比赛。本届冬奥会首次将滑冰安排在室内冰场进行，并第一次使用计算机控制的人工造雪机，解决了历年来的难题。

大会开幕式在卡尔加里大学麦克马洪体育场举行。加拿大总督索维夫和国际奥委会主席萨马兰奇等出席。本届冬奥会比赛新增加以下 7 个项目：男女高山滑雪的特大回转、全能；90 米跳台滑雪团体；北欧两项团体；女子 5000 米速滑。单项总数增加到 46 个，大项仍为 6 个。本届比赛中，有"冰坛皇后"之称的民主德国运动员维特蝉联女子单人滑冠军。苏联冰球队第 7 次夺冠。民主德国运动员再次获得无舵雪橇男女金牌。在各项比赛中，获两枚金牌以上的选手达 8 人之多。瑞典运动员古斯塔夫松在男子 5000 米、10000 米比赛中双破世界纪录。民主德国运动员勒奇在现代冬季两项中首次夺得 10 公里、

1988年加拿大卡尔加里冬奥会开幕式

20公里冠军。意大利运动员通巴和瑞士运动员施奈德在
男女回转、大回转中双双取胜。瑞典运动员斯万和苏联
运动员吉洪诺娃在男女越野滑雪赛中各获两枚金牌。芬
兰运动员尼凯宁和荷兰运动员范根尼普分别在跳台滑雪
和女子速滑中各3次夺冠，金牌数并列本届榜首。本届
冬奥会滑冰比赛因在室内举行，无风雪干扰，有利于技
术的发挥，取得了罕见的成绩，10项奥运会纪录均被刷新，
其中有6项世界纪录。在冬季奥运史上是第一次。中国
运动员李琰在本届冬奥会女子短道速滑表演赛中获1000
米金牌和500米、1500米铜牌。由于本届冬季奥运会的
成功，国际奥委会授予主办国1枚奥林匹克金质勋章。

本届冬奥会奖牌统计表

国　家	金　牌	银　牌	铜　牌
苏　联	11	9	9
民主德国	9	10	6
瑞　士	5	5	5
芬　兰	4	1	2
瑞　典	4	-	2
奥地利	3	5	2
荷　兰	3	2	2
联邦德国	2	4	2
美　国	2	1	3
意大利	2	1	2
法　国	1	-	1

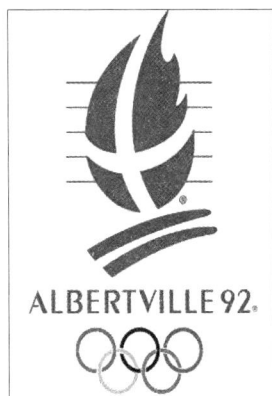

ALBERTVILLE 92.

第 16 届冬季奥运会（1992 年　阿尔贝维尔）

　　1992 年 2 月 8 日至 23 日在法国阿尔贝维尔举行。共有 64 个国家和地区的 1801 名运动员参加比赛。由于联邦德国与民主德国合并，德国以单一队参赛。从南斯拉夫分离出来的克罗地亚和斯洛文尼亚，原苏联爱沙尼亚、拉脱维亚和立陶宛均独立组队出席。苏联解体后原各加盟共和国由俄罗斯、乌克兰、白俄罗斯、哈萨克斯坦、乌兹别克斯坦五国组队，以独联体名义参加，共派出141名运动员。中国派出35名男女选手参加了滑雪、滑冰、冬季两项等34个小项比赛。中国台北奥委会派出8名男运动员参加了高山滑雪、雪橇、花样滑冰等5个小项的比赛。申办本届冬季奥运会的城市有索菲亚、法伦、利勒哈默尔、安克雷奇、科尔蒂纳丹佩佐、贝希特斯加登和阿尔贝维尔。1986年10月17日国际奥委会于洛桑举行第91届全会，经过投票表决，阿尔贝维尔赢得了主办权。本届大会开幕式于8日下午3时开始，由冬奥会组委会基利和巴尔尼埃两位主席主持。国际奥委会主席萨马兰奇致祝词，法国总统密特朗宣布大会开幕。本届比赛项目增设了11个小项：男子10公里、女子30公里越野滑雪，男女短道速滑4项，男女自由式滑雪2项，女子冬季两项7.5公里、15公里、3×7.5公里3项，小项总数增加到57项。大项仍为6项。

独联体女子越野滑雪运动员叶戈罗娃在15公里赛中获本届首枚金牌，后又两次取胜，与在男子越野滑雪赛中各3次夺魁的挪威选手乌尔万格和代赫利三人并列

运动员颁奖式

本届金牌榜首。日裔美籍选手山口摘取了本届女子单人滑桂冠。苏联冰球队曾7次夺冠，这次独联体又获该项冠军。德国队共夺10枚金牌，居各队之首。由原苏联的5个国家组成的独联体队，共获23枚奖牌，其中金牌9枚，居第二名。挪威队获取了男子越野滑雪5枚金牌，并在男子高山滑雪、男子速度滑冰赛中各两次取胜。金牌数与独联体并列。这是挪威自1924年参赛以来获奖牌最多（共20枚）的一次。亚洲选手取得了历史性胜利，中国、韩国、日本、朝鲜共获15枚奖牌，其中3枚金牌、6枚银牌、6枚铜牌。中国运动员叶乔波、李琰在速滑和短跑道速滑比赛中共获3枚银牌，韩国运动员获取了男子短跑道速滑两项冠军，并破世界纪录。本届比赛共有 20 个国家和地区获得奖牌，中国、韩国、卢森堡、新西兰均是首次获奖。阿尔贝维尔是个仅有 1.8 万人口的小镇，且比赛场地分散，但大会组委会安排得当，确保了比赛顺利进行。受到国际奥委会主席萨马兰奇的赞扬。

本届冬奥会奖牌统计表

国　家	金　牌	银　牌	铜　牌
德　国	10	10	6
独联体	9	6	8
挪　威	9	6	5
奥地利	6	7	8
美　国	5	4	2
意大利	4	6	4
法　国	3	5	1
芬　兰	3	1	3
加拿大	2	3	2
韩　国	2	1	1
日　本	1	2	4
荷　兰	1	1	2
瑞　典	1	-	3
瑞　士	1	-	2

第 17 届冬季奥运会（1994 年　利勒哈默尔）

1994 年 2 月 12 日至 27 日在挪威利勒哈默尔举行。共有 67 个国家和地区的 1739 名运动员（其中女运动员 521 人）参加比赛。上届冬季奥运会由原苏联的俄罗斯、乌克兰、白俄罗斯、哈萨克斯坦、乌兹别克斯坦 5 个加盟共和国组成的独联体队，这次均单独组队参加，原捷克斯洛伐克，也分为捷克、斯洛伐克两队出席。代表团运动员人数最多的是美国 147 人，其次是俄罗斯 113 人，德国 112 人列第三。中国派出 27 名男女选手参加自由式滑雪、滑冰、冬季两项 3 个项目的比赛。中国台北奥委会也派出 2 名男运动员参加了有舵雪橇比赛。冬季奥运会自 1924 年创办以来，历届都与夏季奥运会同年举行。1986 年国际奥委会第 91 次全会决定，1992 年后，冬夏季奥运会不再同年进行。因此，将理应于 1996 年举行的第 17 届冬季奥运会，提前两年于 1994 年召开。申办本届冬季奥运会的城市有索菲亚、安克雷奇、厄斯特松德和利勒哈默尔。1988 年 9 月 15 日，利勒哈默尔在国际奥委会第 94 届全会上赢得了主办权。这也是挪威继 1952 年奥斯陆第 6 届冬季奥运会后，第二次承办冬季奥运会。大会开幕式于 12 日下午 4 时整开始，全体观众首先为萨拉热窝战争中的死难者默哀，萨马兰奇主席在致辞中呼吁和平、停止战争，挪威国王哈拉德五世宣布运动会正式开幕。本届正式比赛项目增加了自由式滑雪的男、女空中技巧和短道速滑的男子 500 米、女子 1000 米 4 个小项，小项数由上届的 57 个增加到 61

1994 年挪威利勒哈默尔冬奥会滑冰馆

个。大项仍为滑雪、滑冰、冬季两项、无舵雪橇、有舵雪橇和冰球 6 个。本届冬奥会因与上届仅相隔两年，上届不少优秀选手仍是本届赛场主角。俄罗斯女子越野滑雪运动员叶戈罗娃再获 3 枚金牌，加上上届的 3 枚，金牌数追赶上原苏联女速滑选手斯科布利科娃。上届 3 枚金牌得主挪威男子越野滑雪运动员代赫利又两度夺冠。美国速滑老将布莱尔，赢得了她自 1988 年以来的第 5 枚金牌，并成为冬季奥运会史上第一位 500 米三连冠选手。上届挪威速滑名将科斯，连夺 1500 米、5000 米、10000 米 3 枚金牌，并创造了这 3 个项目的世界纪录，成为本届头号新闻人物。新手中，乌克兰 16 岁的花样滑冰运动员巴尤尔，获得了女子单人滑金牌。本届比赛共破4项世界纪录，10项奥运会纪录。共有33个国家获得奖牌。哈萨克斯坦、乌克兰、乌兹别克斯坦、白俄罗斯、斯洛文尼亚、澳大利亚均是首次获奖牌。苏联解体后，首次单独组队的俄罗斯共获金牌11枚，居各队之首。东道主挪威获得历史上最多的一次奖牌（26枚），金牌数为10枚，仅次于俄罗斯。上届金牌列第一的德国队，这次为9枚，退居第三。亚洲选手中，韩国在短跑道速滑中取得了男女全部6项中的4枚金牌，日本蝉联了北欧两项的团体冠军，哈萨克斯坦、乌兹别克斯坦也均获金牌。

本届冬奥会奖牌统计表

国　家	金　牌	银　牌	铜　牌
俄罗斯	11	8	4
挪威	10	11	5
德国	9	7	8
意大利	7	5	8
美国	6	5	2
韩国	4	1	1
加拿大	3	6	4
瑞士	3	4	2
奥地利	2	3	4
瑞典	2	1	-
日本	1	2	2
哈萨克斯坦	1	2	-
乌克兰	1	-	1
乌兹别克斯坦	1	-	-

第18届冬季奥运会（1998年 长野）

1998年2月7日至22日在日本长野举行。共有72个国家和地区的2177名运动员（其中女运动员815人）参加比赛。首次参加冬季奥运会比赛的国家有乌拉圭、阿塞拜疆、马其顿，参赛国之一的南非从来都没下过雪，也派代表参加短跑道速度滑冰和速度滑冰两个项目，是冬季奥运会史上参加国家最多、运动员人数最多

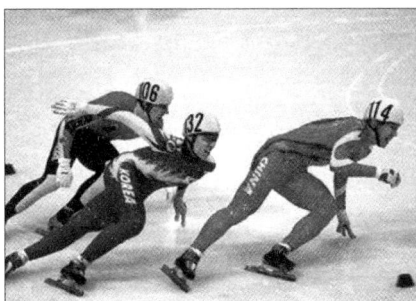

运动员在比赛中（前者为中国选手李佳军）

和规模最大的一次盛会。长野原在 1940 年获得奥运会主办权，但因为第二次世界大战，冬季奥运会停办（冬季奥运会因战争停办两届，1948 年才恢复举办）。日本上一次主办冬季奥运会是 1972 年在札幌举办的第 11 届冬季奥运会。本届冬奥会的比赛共设 14 个大项 68 个小项，新增加的比赛项目有：女子冰球、滑板滑雪、冰上溜石。中国代表团参加了滑冰、冰球、滑雪、冬季两项 4 大项，短跑道速滑、女子冰球、花样滑冰、自由式滑雪、越野滑雪等共 40 个单项的比赛。本届冬季奥运会不仅首次在非洲、同时也首次在中南美洲和澳大利亚作现场直播。共有 160 个国家和地区现场直播长野冬季奥运会的比赛实况，比 4 年前利勒哈默尔冬季奥运会的 120 个国家还多，创下历届奥运会的最高纪录。整个直播时间长达 233 小时，比上届多两倍。奥林匹克运动会电视直播权获得 5.13 亿美元，将用来资助国际奥委会的体育活动。本届奥运会的主题是"人类与自然共存"。开幕式上，在日本世界级指挥大师小泽征尔的指挥下，全球 5 个城市的歌唱家们演唱了《欢乐颂》，给 20 世纪最后一届冬季奥运会染上迷人的色彩。萨马兰奇高度赞扬本届赛会取得的成功，并形容这是"历来办得最好的一届冬奥会"。本届奥运会的标志取名为"五彩的雪花"，由富有动感的运动员形象与雪花图案混合组成，象征着冰雪项目的角逐。长野运动会的吉祥物是 4 只形态怪异的猫头鹰，组委会分别给这 4 只吉祥物起名为寸喜、能城、家喜和都木。这 4 个名字的日文正好可以拼读成英文"雪上小精灵"（Snowlets）。取这样的名字，是因为它有以下几个含义：Snow 即"雪"，这届冬奥会是在冰天雪地里举行的，而 Let 则呼唤大家都来参与奥运会；同时，Owlet 一词又有"小猫头鹰"之意。4

只吉祥物又表示冬季奥运会每4年举办一次，可谓构思奇巧。奥林匹克火炬是1997年12月从奥运会发源地希腊开始传起，1998年1月6日抵达日本，先后有6600人把火炬传送到开幕式地点，分别沿三条路线，途经日本47个县市。长野冬季奥运会上获得金牌前3名的是德国、挪威和俄罗斯。进步最快的是荷兰，一举夺得5金4银2铜，从以往金牌榜上的十几名跃居到第6名，被誉为"飞翔的荷兰人"。美国队获6金3银4铜，名次与上届相同，排名第5。东道主日本队借主场之利，夺得5金1银4铜，超过了昔日亚洲冰雪霸主韩国队。在前两届冬奥会上已获5枚金牌的挪威男子越野运动员代赫利又获2枚金牌。中国在本届冬季奥运会上获得6枚银牌和2枚铜牌，是取得奖牌最多的一次。李佳军夺得1000米银牌，是中国冬季奥运会史上获得的第一枚男子奖牌，杨阳在女子短跑道速滑1000米赛中打破世界纪录。

本届冬奥会奖牌统计表

国　家	金　牌	银　牌	铜　牌
德　国	12	9	8
挪　威	10	10	5
俄罗斯	9	6	3
加拿大	6	5	4
美　国	6	3	4
荷　兰	5	4	2
日　本	5	1	4
奥地利	3	5	9
韩　国	3	1	2
意大利	2	6	2
芬　兰	2	4	6
瑞　士	2	2	3
法　国	2	1	5
捷　克	1	1	1
保加利亚	1	0	0

第 19 届冬季奥运会（2002 年　盐湖城）

2002 年 2 月 8 日至 24 日在美国犹他州盐湖城举行。这届奥运会共设有 78 个项目，俯式冰橇重新成为冬奥会的比赛项目，新加入了女子有舵雪橇项目，比上一届的长野冬季奥运会多出 10 项。这是冬季奥运会史上比赛项目最多的一次，同时本届奥运会的参赛选手人数也创下新高。加拿大队夺得男、女冰球的金牌。挪威

拳王阿里为冬奥会点火

的滑雪运动员奥勒埃纳尔·比约恩达伦在冬季两项的全
部四个项目的比赛中均获得金牌。芬兰的滑雪运动员桑
帕·拉尤宁在北欧两项的全部三个项目中夺魁。克罗地
亚女子高山滑雪运动员加尼卡·科斯泰里奇也在本届奥
运会上获得三金一银。来自瑞士的运动员西蒙·安曼也
包揽了跳台滑雪的两个项目的金牌。德国的女子速度滑
冰运动员克劳迪娅·佩希施泰因在 5000 米速滑项目中
实现奥运金牌三连冠，她同时还获得 3000 米项目的金
牌。来自德国的乔治·哈克尔在男子单人座式无舵雪橇
比赛中获得一枚银牌，从而成为奥运会历史上唯一一位
在同一项目中连续五次夺取奖牌的运动员。来自中国的

短道速滑运动员杨扬成为中国第一位夺得冬奥会金牌的运动员。在有舵雪橇比赛中，来自美国的女子运动员沃内塔·弗劳尔斯成为第一位夺取冬奥会金牌的黑人运动员，而冰球运动员热罗姆则成为第一位夺得冬奥会金牌的男子黑人运动员。

本届冬奥会奖牌统计表

国　家	金　牌	银　牌	铜　牌
德　国	12	16	7
挪　威	11	7	6
美　国	10	13	11
俄罗斯	6	6	4
加拿大	6	3	8
法　国	4	5	2
意大利	4	4	4
芬　兰	4	2	1
荷　兰	3	5	0
瑞　士	3	2	6

克罗地亚	3	1	0
奥地利	2	4	10
中　国	2	2	4
韩　国	2	2	0
澳大利亚	2	0	0
西班牙	2	0	0
爱沙尼亚	1	1	1
英　国	1	0	2
捷　克	1	0	1

第 20 届冬季奥运会（2006 年　都灵）

2006 年 2 月 10 日至 26 日在意大利古城都灵举行。参加的国家和地区有 80 个，男女运动员共 2633 名。德国、美国和奥地利分别以 11 枚、9 枚和 9 枚金牌排在奖牌榜的前三位，上届获金牌数最多的冬季运动强国挪威跌落至第 13 位。中国队以 2 金、4 银、5 铜名列第 14 位，名次虽然比上届盐湖城冬奥会落后一位，但是奖牌总数 11 枚超过了上届的 8 枚。

　　都灵冬奥会还显示了世界体坛在竞争中增强交流和发展的良好趋势。在本届冬奥会上，获得金牌的代表团数量虽与上届冬奥会相差无几，不过金牌总数在 5 枚以上的代表团比上届有所增加，说明代表团之间的强弱差距有所减少，强队之间的竞争更加激烈。本届冬奥会诞生了三位"三冠王"，韩国短道速滑运动员陈善有和队友安贤洙各在短道项目上夺取 3 金，创造了韩国在本届冬奥会全部 6 金都来自短道的"神话"，另一位"三冠王"是德国的冬季两项选手格雷斯。另一则"神话"来自中国的韩晓鹏和日本的荒川静香，他们创造了冬奥会历史，分别获得男子自由式滑雪空中技巧冠军和花样滑冰女子单人滑冠军，打破了西方人在这两个项目上的垄断。除了韩晓鹏实现了中国在冬奥会雪上项目金牌"零的突破"外，中国短道速滑女将王濛还在 500 米比赛中为中国拼下一金。本届冬奥会中国派出 153 人组成的代表团，78名运动员参加了 3 大类、9 个分项、47 个小项的比赛，雪上项目参赛人数首次超过冰上项目。

2006 年意大利都灵冬奥会激情闭幕

　　尽管本届冬奥会没有发生像盐湖城那样的裁判风波，但兴奋剂问题依旧是笼罩在奥林匹克天空上的乌云。巴西雪车运动员桑托斯因药检阳性被提前驱逐出冬奥会，俄罗斯冬季两项女运动员派列娃成为冬奥会开赛后首例兴奋剂事件的主角，其所得的银牌也被收回。随后发生的兴奋剂丑闻更具有戏剧性，奥地利 10 名运动员接受了兴奋剂检查，他们的驻地又遭到意大利警方突袭，药检结果均呈阴性，警察还在驻地发现了很多有利于调查的证物。

本届冬奥会奖牌统计表

国　家	金　牌	银　牌	铜　牌
德　国	11	12	6
美　国	9	9	7
奥地利	9	7	7
俄罗斯	8	6	8
加拿大	7	10	7
瑞　典	7	2	5
韩　国	6	3	2
瑞　士	5	4	5
意大利	5	0	6
法　国	3	2	4
荷　兰	3	2	4
爱沙尼亚	3	0	0
挪　威	2	8	9
中　国	2	4	5
捷　克	1	2	1
克罗地亚	1	2	0
澳大利亚	1	0	1
日　本	1	0	0

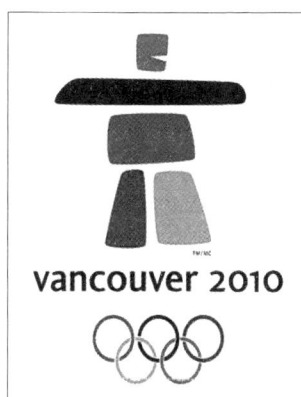

vancouver 2010

第 21 届冬季奥运会（2010 年　温哥华）

2010 年 2 月 12 日至 28 日在加拿大温哥华举行。本届冬奥会共有 82 个国家和地区的 2632 名运动员参赛。其中，开曼群岛、哥伦比亚、加纳、黑山、巴基斯坦、秘鲁和塞尔维亚首次参加冬奥会。共有 26 个国家登上了奖牌榜。加拿大代表团在本届冬奥会上表现出色，他们不仅以 14 枚金牌的成绩高居金牌榜首位，还创造

运动员颁奖式

了首次冬奥会上一个国家获金牌数最高的纪录。本届冬
奥会共设立 7 大类项目 15 个分项 86 个单项，比四年前
的都灵冬奥会增加了两个单项。新增的项目是自由式滑
雪的男、女越野项目。共有约 10800 名媒体记者报道了
本届赛事，其中包括 7000 名授权广播记者，2800 名文
字记者、摄影记者及未授权广播记者，1000 名奥运会
广播服务（OBSV）组织成员。

中国代表团在本届冬奥会上获得 5 枚金牌、2 枚银牌和 4 枚铜牌，11 枚奖牌的成绩平了 2006 年都灵冬奥会时的最高纪录，而金牌数则创造了历史新高。在短道速滑项目上，中国女队包揽了全部四个单项的金牌。其中，王濛不仅成功卫冕 500 米冠军，还夺得了 1000 米和 3000 米接力的金牌。她因此成为中国身心健迄今获得冬奥会金牌（4 枚）和奖牌（6 枚）最多的运动员，以及第一位单届冬奥会获得 3 枚金牌的中国运动员。

　　本届冬奥会圣火于 2009 年 10 月 22 日在希腊奥林匹亚点燃，火炬随后跨越北极点，被送至加拿大，10 月 30 日开始在加拿大传递。火炬传递全程约 45000 公里，共历时 106 天，成为奥运会历史上在一个国家内路线最长的一次传递。

本届冬奥会奖牌统计表

国　家	金　牌	银　牌	铜　牌
加拿大	14	7	5
德　国	10	13	7
美　国	9	15	13
挪　威	9	8	6
韩　国	6	6	2
瑞　士	6	0	3
中　国	5	2	4
瑞　典	5	2	4
奥地利	4	6	6
荷　兰	4	1	3
俄罗斯	3	5	7
法　国	2	3	6
澳大利亚	2	1	0
捷　克	2	0	4
波　兰	1	3	2
意大利	1	1	3
斯洛伐克	1	1	1
白俄罗斯	1	1	1
英　国	1	0	0

第 22 届冬季奥运会（2014 年　索契）

2014 年 2 月 7 日至 23 日在俄罗斯索契举行。来自世界各地的 80 多个代表团的 2800 多名运动员参加本届冬奥会 7 个大项、15 个分项、98 个小项的比赛，赛事在山地赛区和海滨赛区两地举行。索契冬奥会有望成为历史上规模最大、设项最多的一届冬奥会，与 2010 年温哥华冬奥会相比，新增了 12 个小项。有 65 位国家、

运动员在比赛中

政府及国际组织的领导人出席。

　　本届冬奥会举办地索契是俄罗斯与格鲁吉亚交界处的黑海沿岸，是俄罗斯最受欢迎的度假胜地，有着迷人的海滩和雪地。索契为本届冬奥会进行了精心准备，不仅推出了冬奥会会徽、主题口号、吉祥物，还有火炬、纪念钞、运动图标。特别是将火炬带上国际空间站并在外太空行走，使奥运会火炬首次离开地球，成为奥运会历史上的一大壮举。另一件使世人难忘的事是开幕式上的意外一幕：即开幕式刚开始不久，在进行运动员表演时空中出现了雪绒花变成的奥运五环，结果五环少了一环，变成了"四环外加一片雪花"，现场一片尴尬。事后，赛事组织者发表声明承认失误，并表示这并非事先设计，而是临场出现技术故障。

本届冬奥会奖牌统计表

国　家	金　牌	银　牌	铜　牌
俄罗斯	13	11	9
挪　威	11	5	10
加拿大	10	10	5
美　国	9	7	12
荷　兰	8	7	9
德　国	8	6	5
瑞　士	6	3	2
白俄罗斯	5	0	1
奥地利	4	8	5
法　国	4	4	7
波　兰	4	1	1
中　国	3	4	2
韩　国	3	3	2
瑞　典	2	7	6

捷　克	2	4	2
斯洛文尼亚	2	2	4
日　本	1	4	3
芬　兰	1	3	1
英　国	1	1	2
乌克兰	1	0	1
斯洛伐克	1	0	0

冬季奥运会主要项目及特点

越野滑雪

越野滑雪起源于北欧，故又称北欧滑雪。据记载，1226年挪威内战时期，两名被称为"桦木腿"的侦察兵，怀藏两岁的国王哈康四世，滑雪翻越高山，摆脱了敌人。现挪威还每年举行越野马拉松滑雪赛，距离35英里，与当年侦察兵所滑路程相同。越野滑雪比赛路线分上坡、下坡、平地，各占全程的三分之一。单线比赛出发时，每次1人，间隔30秒，顺序由抽签决定，以每队队员滑完全程的时间之和计算成绩和名次。1924年，越野滑雪被列为首届冬奥会比赛项目，现设男子10公里（1992年列入）、15公里（1924年列入）、30公里（1956年列入）、50公里（1924年列入）、4×10公里接力（1936年列入），女子5公里（1964年列入）、

10公里（1952年列入）、15公里（1984年列入）、30公里（1992年列入）、4×5公里接力（1956年列入）。

越野滑雪的单项比赛采用间隔单人出发。除雪板前部和雪杖外，双脚位置不得超过起点线。比赛名次根据运动员按规则滑完全程所用的时间确定。运动员到达终点时至少有一只脚穿带有标记的滑雪板，否则成绩无效。接力比赛分男子4×10千米和女子4×5千米比赛。除按单项比赛规则进行外，在每一站设以终点线为基点前后各延长15米的接力区。交接时上一站队员必须在接力区内用手触及下一站队员的身体任何部分方可完成交接。成绩以全队滑完全程所用时间的总和计算。

高山滑雪

　　高山滑雪起源于阿尔卑斯山地区，故又称阿尔卑斯滑雪。高山滑雪是在越野滑雪基础上逐步形成的。1850年挪威的泰勒马克郡出现改变方向和停止滑行的旋转动作。1868年挪威滑雪运动奠基人诺德海姆等人在奥斯陆滑雪大会上表演了侧滑和 S 形快速降下技术。1890年奥地利的茨达尔斯基发明了适合阿尔卑斯山地区特点的短滑雪板及滑行技术，1905年他在维也纳南部的利林费尔德进行了高山滑雪史上第一次回转障碍降下表演。1907年英国创立阿尔卑斯滑雪俱乐部，这是世界上第一个高山滑雪组织。1910年奥地利的比尔格里上校创办了具有军事性质的高山滑雪学校，第一个采用深蹲姿势持双杖快速下降、制动转弯的滑法。1921年英国的伦恩在瑞士组织了高山滑雪史上的首次回转和速降比赛。1922年奥地利的施奈德创办高山滑雪学校。1931年起举办世界高山滑雪锦标赛。1936年起被列为冬奥会比赛项目。运动员手持滑雪杖，脚踏滑雪板从高坡快速回转、降下。不同项目起点与终点的垂直高度差亦有不同：速降男子800—1100米，女子500—800米；回转男子180—220米，女子140—200米；大回转男子250—450米，女子250—400米；超大回转男子500—650米，女子400—600米。每个项目每个协会限报4人。比赛采用单人出发，顺序抽签排定。现冬奥会设男、女全能（1936年列入）、速降（1948年列入）、回转（1948年列入）、大回转（1952年列入）和超大回转（1988年列入）。

冬奥会中高山滑雪设10小项，男女各五项。男子项目设：滑降、回转、大回转、超级大回转、全能（滑降／回转）；女子项目设：滑降、回转、大回转、超级大回转、全能（滑降／回转）。该项运动将速度与技巧完美地结合在一起，运动员在滑行过程中左右盘旋，将健美与优雅融于一体，一直深受广大观众的欢迎。

跳台滑雪

跳台滑雪简称"跳雪"。源于挪威，1860 年挪威德拉门地区的两位农民在奥斯陆举行的首届全国滑雪比赛上表演了跳台飞跃动作，后逐渐成为一个独立项目并得到广泛开展。1879 年在奥斯陆举行了首届跳台滑雪比赛。1883 年被列入霍尔门科伦滑雪大奖赛。19 世纪末，传入瑞典、瑞士、美国、法国、意大利和波兰等国家。该项目从 1924 年第一届冬奥会即被列为比赛项目。

跳台滑雪是滑雪运动项目之一，利用自然山形建成的跳台进行。脚着专用滑雪板，不借助任何外力，从起滑台起滑，在助滑道上获得高速度，于台端飞出后，身体前倾与滑雪板成锐角，沿抛物线在空中飞行，在着陆坡着陆后，继续滑行至停止区停止。国际滑雪联合会规定，冬季奥运会及世界滑雪锦标赛的跳雪比赛中，设70米级和90米级台的两个跳雪项目。1964年以前的8届冬季奥运会中，由于跳台规格不统一，只能以主办国的跳台为标准进行比赛。从1964年第九届冬季奥运会开始统一跳台级别，分别规定为上述的70米和90米两种。并不只有跳台高度，还包括跳台助滑道的坡度即35—40度，以及长度80—100米。单人比赛按两次飞跃距离分和飞跃姿势分计算成绩。团体比赛时每个国家单项限报4人，以姿势分和距离分计算总成绩。姿势分由5位裁判根据运动员完成动作的准确性、完美性、稳定性以及整体稳定性打分，去掉最高分和最低分后，将剩下的3个分数相加，最高分为60分；距离分要根据K点距离确定每米分值，运动员的跳跃距离达到K点距离为60分，短于K点距离，将所短的距离乘以每米分值，再从60分中减去，超过K点距离，将所超距离乘以每米分值，然后加上60分。两次比赛的姿势分与距离分之和为运动员的总分，得分多者名次列前。团体赛以各队4名运动员两次比赛所得分相加，得分多者名次列前。

　　跳台滑雪运动由于跳台助滑道的角度及起跳端的仰起角度等不同，加上温度、风向、风力及雪质等自然条件的差异，跳雪的效果也就随之变化。因此，跳雪比赛只有最好成绩，而没有世界纪录。

单板滑雪

单板滑雪又称滑板滑雪，源于 20 世纪 60 年代中期的美国，其产生与冲浪运动有关。舍曼 - 波潘 1965 年把两个滑雪板绑在一起，偶然中创造了两脚踩踏在一整块板上的新"滑雪板"。单板滑雪又称冬季的冲浪运动，选手用一个滑雪板而不是一双滑雪板，利用身体和双脚来控制方向。

进入 80 年代，单板滑雪开始风靡美国，之后又传到欧洲。1983 年举行了首届世界锦标赛，1990 年成立国际单板滑雪联合会，1994 年国际滑联（FIS）将单板滑雪定为冬奥会正式项目，1998 年日本长野冬奥会首次举行了单板滑雪比赛。

平行大回转规则：场地长 936 米，平均坡度 18.21 度，坡高 290 米。高度差为 120—200 米，三角旗门交替放置在左右，约有 25 个旗门，旗门间距至少 8 米。起点旗门（高 1．10 米，底座宽 1．30 米）的两个立柱高度不同，中间有一面三角旗。比赛选手同时出发，选手抽签每两人一组，两次预赛并交换赛道，率先抵达终点的选手取胜。

U 型池规则：场地长 120 米，宽 15 米，深 3.5 米，平均坡度 18 度。滑板稍软，较宽，靴底较厚。比赛时运动员在音乐伴奏下在 U 形滑道内边滑行边利用滑道做各种旋转和跳跃动作，一般为 5—8 个造型，五名裁判员根据完成的动作难度和效果评分，每人最高分不超过 10 分，五个得分之和为该选手本轮比赛得分。比赛分预、决赛。主要动作有跃起抓板、跃起非抓板、倒立、跃起倒立、旋转等。

2006 年都灵冬季奥运会增设单板滑雪越野赛，比赛场地高度差为 100—240 米，平均坡度为 14%—18%，路线长度为 500—900 米，赛道宽度约为 40 米，比赛用时约为 40—70 秒。比赛沿途分布着雪丘、跳跃点和急转弯，时常发生碰撞，单板滑雪的参赛选手要通过自己的各种技术越过障碍来完成比赛，比赛最后的成绩以到达终点的时间判定。

中国的单板滑雪于 2003 年正式立项，主要开展 U 型场地雪上技巧项目。凭借在体操、武术等项目上的突出成绩，中国单板滑雪项目选材得当，在短短五年时间内进步迅速：2005 年世界大学生冬季运动会上，中国选手潘蕾为中国队赢得国际比赛的首枚单板滑雪银牌，中国队在该项目上还获得了两个 2006 年都灵冬奥会的参赛资格。2007—2008 赛季，中国 17 岁小将刘佳宇脱颖而出，两次夺得世界杯金牌，并一度跻身世界排名第一的位置。2009 年 1 月在韩国举行的世锦赛上，中国队实现历史性突破夺取 U 型池团体和个人冠军。中国队正在厉兵秣马，争取在 2022 年北京冬奥会上创造新的佳绩。

自由式滑雪

自由式滑雪于 20 世纪 60 年代在美国诞生，在随后的十年中，很多勇敢者创造出了大量的惊险动作，使此项运动逐步成型。自由式滑雪又分为三个小项，包括雪上技巧、空中技巧和雪上芭蕾。

国际滑雪联合会在 1979 年正式承认自由式滑雪项目，并且在运动员及其跳跃技巧方面制定了新的规则，以减小此项运动的危险性。1960 年首届世界杯自由式滑雪系列赛举行，此后不久，国际奥林匹克委员会将这一项目列为 1988 年卡尔加里冬奥会的表演项目。随着世界杯自由式滑雪巡回系列赛的举行，此项运动成长迅速。加之自由式滑雪项目在卡尔加里冬奥会中获得成功，国际奥委会决定将此项目列入 1992 年阿尔贝维尔冬奥会的正式比赛项目,但令自由式滑雪联盟感到沮丧的是,奥委会仅将雪上技巧列为比赛项目,而没有接受空中技巧和雪上芭蕾。在阿尔贝维尔冬奥会中,自由式滑雪又取得巨大的成功,因此,国际滑雪联合会和利勒哈默尔冬奥会组委会敦促国际奥委会将空中技巧列入1994年利勒哈默尔冬奥会比赛项目,在1994年冬奥会召开前,国际奥委会终于接受了这个项目。

从1980年中国首次派出队伍参加冬奥会开始,在这个世界上最大的冬季项目竞技舞台上获得属于自己的金牌一直是中国冰雪运动人的梦想。在2006年的都灵冬奥会上,韩晓鹏在男子空中技巧中以250.77分夺冠,为中国在这个项目上实现了金牌"零"的突破。在此之前的第18届冬季奥运会中,中国的女选手徐囡囡在女子空中技巧比赛中率先夺得银牌,另一位女选手李妮娜在第20届冬奥会中也曾夺得过这个项目的银牌。

雪　车

　　雪车，是一种集体乘坐雪橇，利用舵和方向盘控制在人工冰道上滑行的运动，为雪橇运动项目之一。1883年英国人把平底雪橇装上了橇板。第二年举行了公开比赛，吸引了许多人参加。1890年，爱好者们又制成装有金属舵板和制动闸的雪橇，称有舵雪橇。1898年1月在克雷斯特朗又有4人座有舵雪橇问世。滑道是自然雪道，因雪橇下滑速度不断增大，常常发生出辙、翻车等事故，因此人们逐渐想出在陡坡上多修转弯道的办法，以求减速，并把雪道表面冻成冰面，雪道两侧加护墙。在这样的雪道上滑降，平均时速可达90—100公里，最高可达120公里。1924年第一届冬季奥运会中即被列为正式比赛项目。雪车用金属制成，形如小舟，车首覆有流线型罩。车底前部是一对舵板；上与方向盘相接，车底后部为一对固定平行滑板，车尾装有制动器。目前冬奥会比赛项目雪车即指原来的有舵雪橇与平底雪橇项目。原来的国际有舵雪橇与平底雪橇联合会现更名为国际雪车联合会。

雪车赛道是具有一定坡度的凹坡滑道，宽1.4米，两侧为护墙，护墙的内侧高1.4米，外侧高2—7米。滑道及两侧的护墙均需浇冰。比赛线路长度为1300—2000米，全程设有15—20个弯道，弯道的半径不得小于20米。滑道的平均坡度为4度—8度。起点与终点的高度差为100—150米。2人座有舵雪橇长不得超过2.7米，宽0.67米，滑橇板宽度8毫米；4人座有舵雪橇最长3.8米，宽0.67米，滑橇板最小宽度为12毫米。2人座有舵雪橇比赛时，总重量不得超过375公斤，4人座有舵雪橇总重量不得超过630公斤，不足重量可携带其他加重物补足。滑道全长1500米，平均坡度为4°30′，最大坡度为8°30′。弯道部分的半径必须在20米以上，滑道的护墙最少不得低于50厘米。比赛分双人座和四人座两项。每赛次滑行 4 次，以 4 次比赛的累计时间计算成绩，时间少者名次列前。遇两队时间总和相等时，以任何一次最少时间的队为胜。该项目赛期一般两天，参赛选手需穿护肩、护肘、头盔及专用钉靴。

无舵雪橇

　　无舵雪橇起源于北欧，又称北欧冰橇。早在 1480 年挪威就已出现无舵雪橇。1883 年 2 月 12 日，瑞士人皮特和澳大利亚人乔治联手进行了一次"国际冰橇比赛"，他们用时 9 分 15 秒滑过在瑞士达沃斯的 4 公里赛道。随后这个运动在瑞士、奥地利、德国、意大利以及美国等国家迅速兴起。1889 年德国成立无舵雪橇俱乐部。1957 年国际无舵雪橇联合会正式成立，1964 年第 9 届冬奥会时无舵雪橇列入正式比赛项目，此后在非冬奥会年份每年举行世界锦标赛、欧洲锦标赛及各种杯赛。无舵雪橇有男子单人、双人及女子单人 3 个比赛项目。男子线路长 1000 米左右，女子线路长 800 米左右。在现代的无舵雪橇比赛中，选手的速度可以达到每小时

140 公里或者更多，其离心力超越 5G。

雪橇全长为 70—140 厘米，宽为 34—38 厘米，高为 8—20 厘米。雪橇为木制，底面有一对平行的金属滑板，宽不超过 45 厘米。雪橇前部没有舵板，后部也没有制动闸。滑板上部为支架。滑板前面翘起部分可有一定柔软性，以利转弯，但不能装置能操纵滑板的舵和制动器。单座重量 21—25 公斤，双座 25—30 公斤。比赛分男子单座、男子双座、女子单座三项。比赛时运动员坐在雪橇上，双手借助起点助栏用力向后推，使雪橇向前起动，滑行中仰卧在雪橇上，单手拉住雪橇皮带利用身体起卧，变换肩、腿姿势操纵雪橇，使之沿着冰道快速滑降。选手可选择最理想的线路前进，以尽可能减少比赛用时。到达终点时，运动员须坐在雪橇上，否则不予计算成绩。比赛中平均时速可达 130 公里，最快时速可达 145 公里。单座滑 4 次，赛期为两天；双座滑 2 次，赛期为一天。比赛所用时间相加，均以时间少者为胜。成绩相等时，以各次滑降中成绩最好者为胜。出发顺序由抽签决定。

无舵雪橇赛场是以混凝土或木材为基础砌成槽状的滑道，与雪车和俯式冰橇比赛的轨道相同，只是起点比另外两个项目更远一些。赛道设计成希腊字母欧米伽的形状。道宽 1.3—1.5 米，滑道两侧的护墙均需浇冰。比赛线路长度男子 1000—1400 米，女子 800—1200 米。全程设 11—18 个弯道，弯道的半径为 8 米。滑道的平均角度男女相同，为 4 度—10 度。起点与终点的高度差为 70—130 米。

有舵雪橇

有舵雪橇，起源于瑞士，由无舵雪橇发展而来。1883年英国人把平底雪车装上了车板。1890年爱好者们又制成装有金属舵板和制动闸的雪车，称有舵雪车。1898年1月在克雷斯特朗又有4人座有舵雪橇问世。1903年第一条人工有舵雪橇线路在圣莫里茨建成。国际有舵雪橇和平底雪橇联合会成立于1923年11月。初期还包括无舵雪橇运动，直至1957年无舵雪橇运动才单独分出，另成立国际无舵雪橇联合会。有舵雪橇之所以引人入胜，是因为它高速滑行的时候，选手距离地面非常近，在一连串设计好的减速或增速滑道里，那种风驰电掣般的高速行驶充满危险刺激性。雪车的速度受到三个因素影响：重量、空气阻力、摩擦，如果这三项因素相等，那么选手与雪橇组合最重的就会跑得最快。现在的有舵雪橇是建立在速度和空气动力学的基础上，圆锥形玻璃纤维的头部、四个明光闪亮的轮子都有助于选手高速完成比赛。比赛开始的时候，选手可快速推送雪车大约 50 米，然后快速跃入车内。国际上原有平底雪橇联合会和有舵雪橇联合会，现合并为国际雪车联合会。有舵雪车在第一届冬奥会时即被列为正式比赛项目。比赛规则规定：2 人座有舵雪橇长不得超过 2.7 米，宽 0.67 米，滑橇板宽度 8 毫米；4 人座有舵雪橇最长 3.8 米，宽 0.67 米，滑橇板最小宽度为 12 毫米。2 人座有舵雪橇比赛时，总重量不得超过 375 公斤，4 人座有舵雪橇总重量不得超过 630 公斤，不足重量可携带其他加重物补足。滑道全长 1500 米，平均坡度为 4°30′，最大坡度为 8°30′。弯道部分的半径必须在 20 米以上，滑道的护墙最少不得低于 50 厘米。比赛分双人座和四人座两项。每赛次滑行 4 次，以 4 次比赛的累计时间计算成绩，时间少者名次列前。遇两队时间总和相等时，以任何一次最少时间的队为胜。滑道全长 1500 米，平均坡度为 4 度 30 分，最大坡度为 8 度 30 分。弯道部分的半径必须在 20 米以上，滑道的护墙最少不得低于 50 厘米。每小项赛期两天，运动员比赛时必须着比赛服装。

北欧两项

北欧两项起源于北欧,由越野滑雪和跳台滑雪组成,故又称北欧全能。19世纪中期,北欧两项运动首先出现在挪威,到20世纪初才成为挪威全国性的比赛项目。因为此项运动起源于北欧,所以也称为北欧滑雪。2002年盐湖城冬奥会上增设了个人追逐(竞速)赛。北欧两项在奥运会及世界杯等国际大赛中一般设个人单项赛、个人追逐(竞速)赛、4人团体赛。北欧两项的跳台滑雪,最初在冬奥会比赛中为K70m级跳台,1992年跳台滑雪项目由K70m级跳台改为K90m级,在经过大会组委会同意的情况下,北欧两项的跳台滑雪也可以在K120m级台上进行。北欧两项的越野滑雪,距离原为18km,1956年改为15km,个人追逐(竞速)赛被定为短距离，一般为 7.5km 的比赛。挪威是这一项目的传统强国，到目前为止在国际大赛中的奖牌总数和金牌总数均列首位。其中 1924、1928、1932 和 1936 年冬奥会中，挪威连续四届包揽全部个人比赛的奖牌。20 世纪末期，欧洲的芬兰、德国、奥地利等国以及亚洲的日本队都已成为北欧两项的强国，在 1994—2002 年 3 届冬奥会中芬兰队、德国队、奥地利队、日本队都取得过前 3 名的好成绩。

北欧两项比赛按跳台滑雪、越野滑雪的顺序进行。①跳台滑雪：每人跳两次，以姿势分和距离分计算总成绩。姿势分由 5 位裁判根据运动员完成动作的准确性、完美性、稳定性以及整体稳定性打分，去掉最高分和最低分后，将剩下的 3 个分数相加，最高分为 60 分；距离分要根据 K 点距离确定每米分值，运动员的跳跃距离达到 K 点距离为 60 分，短于 K 点距离，将所短距离乘以每米分值，再从 60 分中减去，超过 K 点距离，将所超距离乘以每米分值，然后加上 60 分。两次比赛的姿势分与距离分之和为运动员的总分，得分多者名次列前。第二天进行越野滑雪，跳台滑雪成绩最好的运动员第一个出发，其他运动员要根据跳台滑雪与第一名运动员的得分差换算成时间差，依次间隔出发，最后以运动员到达终点的顺序排列名次。②团体赛跳台滑雪：各队4名运动员依次出发，得分方法同个人赛。越野滑雪时，跳台滑雪成绩最好的队首先出发，其他队要根据与跳台滑雪成绩最好的队的得分差换算成的时间差，依次间隔出发，各队的第二、第三、第四名运动员在接力交换区出发，以第四名运动员到达终点的顺序排定名次。该项目1988年起列为冬奥会比赛项目。由于北欧两项需要运动员完成跳台滑雪及越野滑雪2个项目的比赛，所以要求运动员必须熟练掌握项目的技术特点，既要有跳台滑雪"准确的技术动作"，又要有越野滑雪的"体能"。

现代冬季两项

现代冬季两项是越野滑雪和射击相结合的雪上运动，由冬季滑雪狩猎和军队训练演变而来。

现代冬季两项历史悠久。在挪威、荷兰和瑞典等北欧国家的一些约4000多年前的石制雕刻品中，就刻有两人足蹬雪板，手持棍棒在雪地里追捕动物的情景。1767年，守卫在挪威与瑞典边界的挪威边防军巡逻队，曾举办了第一次滑雪和射击比赛。规定滑完全程，滑行途中用步枪射击40—50步远的靶标，成绩最优者可得到价值相当于20克朗的奖品。这是滑雪与射击结合运动的开始。1861年挪威成立世界上最早的滑雪射击俱乐部。1912年挪威军队在奥斯陆举行名为"为了战争"的滑雪射击比赛，后逐渐在欧美国家成为一种体育运动项目。1960年第8届冬季奥运会中，现代冬季两项被正式列为竞赛项目。

现代冬季两项设有以下子项：成年男组项目20公里越野滑雪加4次射击、10公里越野滑雪加2次射击、4×7.5公里越野滑雪加2次射击接力；青年男组项目15公里越野滑雪加3次射击、10公里越野滑雪加2次射击、3×7.5公里越野滑雪加2次射击接力；女子组项目10公里越野滑雪加3次射击、5公里越野滑雪加2次射击、3×5公里越野滑雪加2次射击接力。其比赛规则是：① 20公里越野滑雪加4次射击的滑行分成5个段落：第1圈滑行后卧射，第2圈滑行后立射，第3圈滑行后卧射，第4圈滑行后立射，第5圈滑行直达终点。命中不加罚时间，脱靶，每发子弹加罚1分钟。比赛时，运动员单个出发，随身携带枪支和20发子弹，每1个目标发射5发。成绩的计算是越野滑雪的全程时间加被罚的时间，合计为总成绩。② 4×7.5公里越野滑雪加2次射击接力：每队由4人组成，总滑行距离为30公里。每人7.5公里的滑行分为3个段落：第1圈滑行后卧射，第 2 圈滑行后立射，第 3 圈滑行到达终点，并在接力区用手接触同伴队员身体的任何部位。接力出发时，一般采取集体 1 次出发，如果条件不具备，可分组出发。随身携带枪支和 16 发子弹，其中两种姿势 10 发子弹，6 发预备弹。每 1 种姿势发射 5 发；如果还有残存的目标，可用 3 发预备弹继续射击。在使用预备弹时必须一发一发地装填射击，直到残存目标被命中。如用备用弹后仍未打中残存目标，就按残存的目标数加罚滑行圈数（每圈 150 米）。如果残存目标两个，就加罚滑行两圈。计算成绩是以接力队的最后一名队员到达终点的时间为该队接力的总成绩。③ 10 公里越野滑雪加 2 次射击：比赛时，运动员单个或分组出发，并随身携带枪和子弹 10 发，每种姿势发射 5 发，越野滑行的圈数、射击的顺序、射击目标及加罚时间方法和成绩的计算等与接力项目相同。④青年男组 15 公里、女子 10 公里越野滑雪加 3 次射击：射击顺序是卧射、立射、卧射。竞赛方法与 20 公里项目相同。⑤青年男组 10 公里、女子 5 公里越野滑雪加 2 次射击和青年男组 3×7.5 公里、女子3×5公里越野滑雪加2次射击接力，竞赛的方法、射击目标均与成年组短距离项目相同。

中国现代冬季两项运动是1960年首先在解放军滑雪队中开展的。1980年全国滑雪比赛中现代冬季两项正式列为比赛项目，同年，中国运动员参加了第13届冬季奥运会该项目的比赛。

冰　球

冰球亦称"冰上曲棍球"，是对抗性极强的集体冰上运动项目。冰球起源于加拿大，1885年加拿大即成立了世界上第一个业余冰球协会。1893年加拿大冰球队首次赴美表演，之后冰球运动在美国及欧洲得到较快发展，1902年欧洲第一个冰球俱乐部在瑞士的莱萨旺成立，1908年国际冰球联盟在巴黎成立，1910年欧洲即举办了首届欧洲冰球锦标赛。1912年加拿大冰球协会首创六人制打法，并被国际冰联沿用至今。冰球在欧美国家中普及广泛，极受欢迎，其联赛的职业化和商业化十分成功，且影响可与篮球的NBA相比。

冰球运动是多变的滑冰技艺和敏捷娴熟的曲棍球技艺的组合，运动员要穿着冰鞋，手拿冰杆滑行拼抢击球。

球一般用硬橡胶制成，厚 2.54 厘米，直径 7.62 厘米，球重为 156—170 克。比赛时每队上场六人，前锋三人，后卫两人，守门员一人。运动员用冰杆将球击入对方球门，以多者为胜。

冰　壶

　　冰壶又称掷冰壶、冰上溜石，是以队为单位在冰上进行的一种投掷性竞赛项目。冰上溜石起源于 14 世纪的苏格兰，至今在苏格兰还保存刻有 1511 年份的砥石（即冰壶）。1795 年，第一个冰上溜石俱乐部在苏格兰创立，1838 年苏格兰冰上溜石俱乐部制定第一个正式的比赛规则。1807 年冰上溜石活动传入加拿大，1820 年起在美国等地流行，此后冰上溜石作为一项冬季运动在欧洲和北美逐渐开展起来。20 世纪初，加拿大冰上溜石爱好者将这项运动的比赛规则和方法更加完善，由室外逐渐移入室内，并于 1927 年举行首次全国冰上溜石比赛。1959 年首届世界冰上溜石锦标赛举行，最初称为苏格兰威士忌杯赛，1968 年改称加拿大银扫帚锦标赛，1986 年正式定名为世界冰上溜石锦标赛。

　　1924 年冰壶即以表演的形式在冬奥会上亮相。1966 年国际冰上溜石联合会成立，同时获得国际奥委会的承认。冰上溜石曾于 1924 年、1932 年、1936 年、1964 年、1968 年、1992 年 6 次被列为冬奥会表演项目。1998 年起冰上溜石被列为冬奥会正式比赛项目，2003 年起被列为亚冬会正式比赛项目，我国开展此项活动的时间仅是近十几年的事情，起步虽晚，但起点较好，我国选手在国际冰壶大赛中曾多有斩获。

　　冰上溜石的装备包括冰壶、比赛用鞋和毛刷。冰壶由苏格兰不含云母的花岗岩石凿磨制成，标准直径 30 厘米、高 11.5 厘米、重 19.1 公斤。比赛每队出场 4 人，双方按一垒队员、二垒队员、三垒队员以及主办队员的顺序，交叉向营垒推滑冰壶一次，之后再进行第二次推滑，如此方为完成一局比赛。每局以两队的冰壶距离营垒圆心的远近评定胜负。如甲队有两枚砥石距离圆心比乙队近，则甲队得 2 分，以此类推，比赛的结束以得分多的队为胜。两队首局推滑冰壶的先后以抽签决定，从第二局开始，则由上一局的胜队先推。

比赛时，运动员脚穿冰壶运动鞋，其中蹬冰脚穿的鞋为橡胶底，滑动脚穿的鞋为塑料底。推滑时蹬冰脚踏在起蹬器上，必须使冰壶超过对方前卫线而不超过后卫线，否则将失去比赛资格。

比赛冰道44米，冰面与花样滑冰和短道速滑的冰面不同，它不是完全平整的，最上面一层覆盖着特制的微小颗粒，运动员可以用冰刷刷冰面，以改变冰壶与冰面的摩擦力，也可以调整方向。

俯式冰橇

　　俯式冰橇又称为钢架雪车，是一项以雪橇为比赛工具的冬季运动项目。俯式冰橇与无舵雪橇一样都是起源于北欧，1884年历史上第一个冰橇比赛在瑞士举办。1923年国际有舵雪橇和无橇雪橇联合会正式成立。俯式冰橇于1928年在瑞士冬奥会中被列为比赛项目，但此后20年该项目一直未被列入冬奥会，直到1948年瑞士再度主办冬奥会时该项目又被列入，此次冬奥会后该项目再次与冬奥会无缘，直至2002年美国盐湖城冬奥会该项目才再次被列入正式比赛。

　　俯式冰橇比赛在2002年冬奥会前只设男子项目，从那之后女子项目也被列入到冬奥会比赛之中。俯式冰橇所用冰橇底部是以铅块加重的橇架和两根固定的"滑铁"组合而成，滑铁橇架以钢材制成。男子个人俯式冰橇子项比赛一天。其中，冰橇的总重量不得多于115公斤，长度80—120厘米、高度8—20厘米。比赛中，运动员需卧于冰橇之上，头向前方，脚于后方，并从起点以冰橇滑行1214米到达终点两次，最后把总成绩合计，以最少时间到达的运动员为胜利者。时间的计算准确至百分之一秒，若出现相同成绩，名次可以并列。第一次的出发次序以抽签决定，第二次出发次序要按照第一次的成绩进行。首次比赛中，排名最先的20名运动员可晋级至第2次的比赛中。第二次比赛时，成绩最差的运动员会先出发，成绩最好的运动员最后出发，运动员在到达终点后，不可离开冰橇。女子个人俯式冰橇子项比赛，冰橇总重量不得多于92公斤，首次比赛取前12名晋级第二次比赛，其他与男子相同。

俯式冰橇的比赛场地的线路设计必须呈"十"字形，长度为1214米，起点和终点与之间的高度距离是157米。赛道中共设有10个转弯处，而它的上坡长度约占赛道总长度的12%。

速度滑冰

速度滑冰简称"速滑"。速度滑冰运动有着悠久的历史。古代生活在寒冷地带的人们，在冬季冰封的江河湖泊中以滑冰作为交通运输的手段。随着社会的进步，逐步发展为滑冰游戏，直到现代的速滑运动。10世纪，出现骨制的冰刀。到1250年左右，荷兰盛行将钉在木板上的铁制冰刀，绑在鞋上在冰面上滑行。17世纪，铁制冰刀有了改进，人们发明了管式铁制冰刀，使速滑运动有了新的发展。国际性速滑比赛，始于19世纪末。1889年，在荷兰的阿姆斯特丹举行了第1届国际速滑比赛。参加国有荷兰、挪威等13个国家。1892年，正式成立国际滑冰联盟，它负责组织比赛的项目有速度滑冰和花样滑冰，并规定每年举行1次世界男子速滑锦标赛。1893 年，举办了第 1 届世界男子速滑锦标赛；1936 年，举办了第 1 届世界女子速滑锦标赛。1924 年冬季奥运会，仅设男子速滑比赛项目；1960 年，增加了女子速滑比赛项目。国际速滑运动的发展，促进了速滑成绩的不断提高。20 世纪 50 年代以前，挪威和芬兰的选手称雄，世称"北欧派"。在 50 年代，苏联速滑运动崛起，在第 7、第 8、第 9 届冬季奥运会上获得金牌最多。到了 60 年代，挪威、瑞典和苏联在这个项目上互争短长。中国运动员王金玉和罗致焕曾打破世界男子全能纪录，且罗致焕获得 1 枚世界锦标赛的金牌。进入 80 年代以来，现代速滑水平提高很快，在男女 9 个项目的比赛中，63 人打破共 106 次奥运会纪录，打破 1 项世界纪录。

中国的滑冰活动历史悠久，早在宋代就出现了由滑雪发展而来的"冰嬉"。元代以后，"冰嬉"更为盛行，而且规模更大，明代有了关于"冰床、冰擦"的记载，清代乾隆年间，更设"技勇冰鞋营"，并有一套管理制度和训练方法，管理机构称为"冰处"。据《清朝文献通考》记载："每年十月，各族选善走冰者二百名，内务府预备冰鞋、行头等项，每到冬至后，皇帝到瀛台等处看表演冰嬉！"19 世纪末，欧洲的滑冰运动传入中国，速滑运动逐渐成为北方人民群众所爱好的冬季运动项目，1935 年，在北京举行过 1 次滑冰比赛。1943 年 2 月，在延安举行的冰上运动会比赛项目有男、女 100 米速滑以及各项表演！中华人民共和国成立后，参加速滑运动的人逐年增多，特别是哈尔滨、长春、齐齐哈尔、吉林等城市的群众性冰上运动开展得很活跃。1953 年 2 月，在哈尔滨市举行了第 1 届全国冰上运动会，1959 年，举行了第 1 届全国冬季运动会。同年，在第 53 届世界男子速滑锦标赛中，杨菊成以 42″4 的成绩取得 500 米比赛的第 2 名。此后几十年间，中国运动员在这个项目的国际比赛中多有佳绩。

短道速滑

速度滑冰（长道）成为一项国际化的运动项目后不久，短道速滑开始在欧洲出现。1892年国际滑冰联盟成立。二十世纪初期，短道速滑已在北美地区举行公开的比赛。1906年美国和加拿大即联合举办了短道速滑的国际比赛，1921年开始举行每年一度的国际短道速滑锦标赛。1920—1940年间，短道速滑在北美地区迅速普及。1976和1977年举行了最初的两届短道速滑世界锦标赛，但是没有得到国际滑冰联盟的正式承认。国际滑冰联盟官方主办的短道速滑锦标赛开始于1978年，但是第一届国际滑冰联盟短道速滑世界锦标赛直至1981年才在法国的默东举行。短道速滑第一次在冬奥会上亮相是在1988年的卡尔加里冬奥会上，当时短道速滑仅仅是表演项目，设置了10个小项。随后，这个项目在世界得到普及。1992年国际奥委会正式把短道速滑列为奥运会项目，但在同年阿尔贝维尔冬奥会上，只设立了男、女各一个个人和接力项目（男子1000米、女子500米和男女接力）。1994年的利勒哈默尔冬奥会上，短道速滑共设立了六个小项，即男女500米、1000米和接力。在盐湖城冬奥会上，短道速滑又加设了男女1500米的比赛，使短道速滑的金牌总数达到八枚。近几届冬奥会上，该项目子项多达15项，其中男子项目有8项：男子4圈追逐、全能、500米、1000米、1500米、3000米、10000米、5000米接力；女子项目有7项：女子4圈追逐、全能、500米、1000米、1500米、3000米、3000米接力。

短道速滑比赛场地周长111.12米，直道宽不小于7米，弯道半径8米，直道长28.85米。

短道速滑项目1981年进入中国。1982年2月国家体委举办了第一次全国短道速滑集训比赛，1983年起被国家体委将短道速滑列为年度全国比赛和全国冬季运动会正式比赛项目。在 1987 年第六届全国冬运会上，李金艳打破女子 3000 米的世界纪录，给长期在艰苦条件下努力奋斗的冰雪界带来了信心和希望。此后的 20 多年间，中国选手一代接一代地向这个项目的顶峰攀登，如李琰、杨扬、王濛、李佳军、周洋等先后 20 多次打破世界纪录，获得各赛事世界冠军 100 多个。

花样滑冰

花样滑冰起源于 18 世纪的英国，后相继在德国、美国、加拿大等欧美国家迅速开展。18 世纪，随着欧洲冶铁工业的发展，铁制冰刀得到了改进。但这时的冰刀刀身下面没有沟槽，只能滑"螺旋线""屈膝大一字""燕式平衡"及各种"切替步"等简单动作。19 世纪，在维也纳、布达佩斯、布拉格、伦敦、柏林、圣彼得堡、费城、多伦多等地先后成立了滑冰俱乐部。1860 年，在圣彼得堡有人把俄国民间舞蹈融合到滑冰之中，从而丰富了滑冰的内容和形式。同时，美国的"蹲踞旋转"动作也传到了维也纳。1892 年，在荷兰阿姆斯特丹召开了第 1 次各国滑冰协会代表联席会议，会议制定了竞赛规则，并决定每年举行一次世界速度滑冰锦标赛、欧洲速度滑冰锦标赛、世界花样滑冰锦标赛和欧洲花样滑冰锦标赛，还成立了国际滑冰联盟。1896 年在俄国圣彼得堡举行了第 1 次世界男子单人花样滑冰锦标赛，1906 年在瑞士达沃斯举行了第 1 次世界女子单人花样滑冰锦标赛，1908 年在俄国圣彼得堡举行了第 1 次世界双人花样滑冰锦标赛，1952 年在法国巴黎举行了第 1 次世界冰上舞蹈锦标赛。世界花样滑冰锦标赛从 1896 年开始到 1980 年共举行过 105 次。

花样滑冰传到中国是 1930 年前后，中国的北京、天津、哈尔滨、长春、沈阳等城市的学校开始出现花样滑冰。1935 年在北京举行的滑冰比赛会上，就进行过花样滑冰表演赛。1942 年冬在延安的延河上举行的冰上运动会也表演过花样滑冰的图形和自由滑。中华人民共和国成立后，中国北方一些城市的大、中、小学校开展花样滑冰运动较为普遍。1953 年在哈尔滨举行的第 1 次全国冰上运动大会中花样滑冰被列为比赛项目，此后每年举行一届全国花样滑冰比赛。1979 年中国花样滑冰运动员第一次参加在日本举行的国际邀请赛。1980

年第13届冬季奥运会是中国花样滑冰运动员首次参加，此后30多年间，中国花样滑冰选手在世界冬奥会上进行了不懈的拼搏，申雪、赵宏博、庞清、佟健、张丹、张昊等一批优秀选手先后在奥运会上问鼎。

花样滑冰又分单人滑和双人滑两个子项。单人滑中有又有男、女单人滑之分，比赛按短节目和自由滑顺序进行，第一天短节目，第二天自由滑。短节目比赛时，运动员必须在2分40秒的规定时间内完成一套跳跃、旋转、联合跳跃、联合旋转共8个动作和连接步编排而成的节目。自由滑比赛时运动员自选音乐，男子在规定的4分30秒、女子在规定的4分钟内完成一套由跳跃、旋转、步法以及各种姿势组成的滑行动作。双人滑比赛必须由一男一女配对参赛。比赛按双人短节目和双人自由滑的顺序进行，第一天双人短节目，第二天双人自由滑。双人短节目比赛运动员自选音乐，在2分40秒的规定时间内完成一套双人短节目规定动作，每个动作只允许做一次，附加动作扣分。双人自由滑比赛运动员自选音乐，在规定的4分30秒内完成一套自编动作。裁判员根据运动员完成动作的难度、质量、动作编排、音乐配合，以及姿态、表情、独创性、场地利用等评定技术水平分和表演分。

中国选手与冬季奥运会

中国首次亮相普莱西德湖第 13 届冬奥会

　　中国恢复在国际奥委会中的合法席位之后，参与的第 1 项国际奥委会赛事就是 1980 年在美国普莱西德湖举行的第 13 届冬奥会。这届冬奥会于 2 月 13 日开幕，当中国代表团高擎五星红旗步入会场时，受到全场观众热烈的欢迎。实际上，新中国自 1958 年退出国际奥委会组织后，已经与奥运会隔离了 22 年之久。1979 年国际奥委会以通讯投票的方式恢复了中国在国际奥委会的合法席位后，本届冬季奥运会是中国首次出征。中国组成了 36 人的代表团出席大会，其中有男女运动员 28 名、工作人员及教练 8 人。代表团由中国奥委会副主席李梦华任团长、中国奥委会副秘书长何振梁任副团长。运动员们参加了滑冰、滑雪、现代冬季两项等 18 个单项的

1980 年美国普莱西德湖冬奥会，中国首次参加冬奥会入场式

比赛。

中国由于是首次派出代表团参加冬奥会，与世界先进水平有较大差距，无 1 人进入前 6 名。在速度滑冰比赛中，王年春以 39 秒 73 的成绩取得了有 36 名运动员参加的 500 米比赛的第 23 名。在男子 1000 米和 1500 米比赛中，赵伟昌分别以 1 分 20 秒 97 和 2 分 05 秒 48 的成绩获得第 24 名和第 25 名。在女子 500 米比赛中，曹桂凤以 44 秒 43 的成绩获得第 21 名。在滑雪比赛中，王桂珍获得了高山滑雪女子回转项目的第 18 名。这些成绩对第 1 次参加冬奥会的中国年轻选手来说，十分不

易。特别是通过这次比赛，中国运动员看到了差距，进一步接触和学习了国外先进技术，丰富了比赛经验，对加速中国冰雪运动的发展起到了重要的作用。应该说中国代表团首次出现在冬奥会上，拉开了中国当代体育向世界体育高峰进军的序幕。

海峡两岸选手共聚萨拉热窝第 14 届冬奥会

1984 年 2 月 8 日至 19 日，第 14 届冬季奥运会在南斯拉夫的萨拉热窝举行。本届冬奥会上，中国和中国台北分别组织代表团同场参赛，引人注目。本届冬季奥运会中国体育代表团由徐寅生任团长，派出了 37 名（男 21 人，女 16 人）运动员，参加了速度滑冰、越野滑雪、高山滑雪、花样滑冰和现代冬季两项等 5 个大项 26 个小项的比赛。中国台北代表团派出了 29 人的代表团（包括运动员 14 人），参加了高山滑雪、现代冬季两项及雪橇等项目的比赛。中国及中国台北运动员在比赛中均成绩不佳，与世界水平仍有一定的差距。在个人项目中最好的成绩是王桂芳的女子 3000 米速度滑冰，她以 4 分 59 秒 32 的成绩排在第 21 名。在集体项目中最好的

中国选手在滑雪比赛中

成绩是女子 4×5 公里越野滑雪接力赛，中国队的成绩为 1 小时 21 分 19 秒 60，列第 12 名。在有 38 个国家和地区的 101 名运动员参加的男子回转比赛中，吴德强、李光全和刘长城分别获得第 29 名、第 30 名和第 33 名的成绩。两岸选手首次在冬奥会中会面，在奥运村中及运动场上已有初步的接触，虽然有些生疏，但双方态度友善，彼此还交换了小礼物及纪念品。

参加第 15 届冬奥会夺表演铜牌

1988 年 2 月 13 日至 28 日，第 15 届冬季奥运会在加拿大的卡尔加里举行。本届冬季奥运会上，中国奥委会共派出了 13 名选手组成代表团，由中国滑冰协会主席靖伯文任团长、赵常熊任副团长、李国彬任秘书长，参加了速度滑冰、花样滑冰、越野滑雪 3 个项目的比赛和短跑道速度滑冰表演赛，取得了较好的成绩。在短跑道速度滑冰表演赛女子项目比赛中，李琰先后以 1 分 39 秒和 2 分 37 秒 92 的成绩获得 1000 米金牌和 1500 米铜牌，使中国的五星红旗首次在冬奥会赛场升起，1000 余张"中国龙"的大幅宣传画立即布满卡尔加里街头。中国队在速度滑冰比赛方面的成绩也有明显的提高，张青和王晓燕在女子 3000 米和 5000 米比赛中，分

中国速滑选手王秀丽在比赛中

别以 4 分 30 秒 19 和 7 分 46 秒 30 的成绩获得第 21 名和第 16 名。这是中国速滑运动员自 1980 年参加冬奥会以来取得的最好名次。在本届冬奥会上，中国运动员最大的收获，就是看到了自己的潜力，增强了在奥运会上取胜的信心，为实现冬奥会正式比赛项目金牌"零"的突破奠定了基础。中国台北奥委会选派了 14 名运动员参加本届冬奥会，参加了速度滑冰、花样滑冰、高山滑雪、越野滑雪等项目的比赛，但比赛的成绩仍与前几届一样，和奖牌无缘。

第16届冬奥会实现奖牌零的突破

第16届冬季奥运会于1992年2月8日至23日在法国的阿尔贝维尔举行。本届冬季奥运会上，中国派出由运动员、教练员及工作人员共计69人组成的体育代表团出席本届冬奥会，国家体委副主任徐寅生任团长。中国台北奥委会也派出由18人组成的代表团参加大会，由前任体育司长、体育学院院长蔡敏忠担任领队。

本届冬奥会女子组的速度滑冰比赛是中国队夺牌的重点项目。在短距离500米的比赛中，中国女运动员、世界冠军赛银牌得主叶乔波的成绩为40秒51，最终不敌美国的世界和奥运冠军鲍妮·布莱尔而获得银牌。叶乔波获得的这枚银牌，使中国实现了冬奥会奖牌"零"的突破。叶乔波同时还获得了女子1000米速度滑冰的

第15届冬奥会上获得女子短道速滑表演项目冠军的中国运动员李琰

银牌。本届冬奥会上，有一个新设项目：短跑道速度滑冰。中国的李琰在女子组的500米比赛中获得第2名，她的成绩是47秒08。此外，中国运动员陈露还获得女子花样滑冰个人第4名；宋臣以37秒58的成绩获得男子500米速度滑冰第9名。这些成绩的取得为中国人参加冬季奥运会的历史写下了新的一页。

本届冬奥会是中国运动员第4次出征。中国自1980年首次参加冬奥会以来，经过12年的努力，终于在本届实现了奖牌"零"的突破，共获银牌3枚、第4名2项，取得了可喜的进步。从这次赛会可以看出，中国的冬季运动开始走向成熟。

第17届冬奥会三项达世界水平

第17届冬奥会于1994年2月12日至27日在挪威的利勒哈默尔举行。中国组成了57人代表团参加本届冬奥会。由袁伟民任团长，赵常态、屠铭德任副团长，参加速度滑冰、花样滑冰、现代冬季两项等项目的比赛。中国台北奥委会这次只派了3名运动员参加2人座有舵雪橇比赛，代表团团长由张至满担任。国际奥委会荣誉委员徐亨夫妇、吴经国夫妇亦以大会贵宾身份应邀前往出席。

在本届冬季奥运会上，中国运动员共有8人次分别在5个项目中获得前8名。张艳梅在女子500米短跑道速度滑冰比赛中以46秒44的成绩获得银牌。叶乔波（女子1000米速度滑冰，成绩为1分20秒22）和陈露（女子花

叶乔波在 1992 年法国阿尔贝维尔冬奥会获得速滑银牌

陈露摘取女子花样滑冰铜牌

样滑冰单人赛, 成绩为 5.0 分) 则各获得 1 枚铜牌。陈露所获得的花样滑冰奖牌尤具价值。她在女子单人比赛中以流畅自如、舒展优美和高难度的三周半跳为中国赢得了第 1 枚冬奥会花样滑冰奖牌。从此, 中国冰上的 3 个项目全面达到世界先进水平。在 2 人座有舵雪橇比赛中, 中国台北由驾驶手孙光明、推车手张明荣参加角逐, 4 轮总成绩为 3 分 39 秒 44, 在 43 支参赛队中列第 35 名。

第 18 届冬奥会展示夺金实力

　　1998 年 2 月 7 日至 22 日第 18 届冬奥会在日本长野市举行。中国在本届冬奥会上派出 60 名运动员（其中包括女运动员 44 名）参加速度滑冰、短跑道速度滑冰、花样滑冰、女子冰球、冬季两项、越野滑雪、自由式滑雪 7 大项 29 小项的比赛。

　　本届冬奥会第 1 次举行女子冰球赛，加拿大、美国、芬兰、中国、瑞典和日本 6 个队参加了金牌争夺战。最终，美国队赢得了冬奥会女子冰球的第 1 枚金牌。中国队在比赛中表现十分顽强，先以 6∶1 战胜日本队，接着又以 3∶1 战胜了有着悠久冰球运动历史的瑞典队，获得第 4 名。在短跑道速度滑冰男子 1000 米的争夺中，中国名将李佳军和韩国运动员金东圣同时到达终点，就

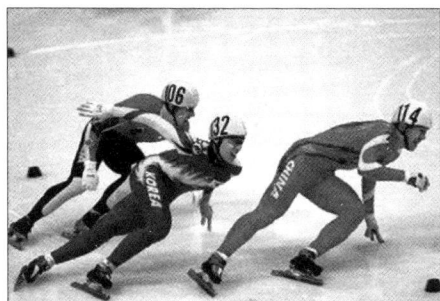
运动员在比赛中（前者为中国选手李佳军）

在冲线的一瞬间，金东圣突然将右脚冰刀向前伸出，以
1刀的优势夺得金牌。李佳军获得银牌，成为中国冬奥
史上获得男子奖牌的第1人。在男子500米比赛中，17
岁的小将安玉龙勇夺银牌；此外，他还和队友在5000
米接力赛中勇敢挑战加拿大和意大利等老牌劲旅，获得
铜牌。女子3000米短跑道速度滑冰接力比赛中，中国
派出了杨扬、杨阳、王春露、孙丹丹4位名将。比赛开
始后，中国队一路领先，但在最后一棒交接中由于位置
不当，被韩国队超过，再次失去金牌，获得了接力项目
的银牌。在短道速滑项目上，杨阳在与队友联手夺得接
力项目的银牌之后，又夺得500米和1000米两枚银牌，

徐囡囡获得女子自由式滑雪
空中技巧银牌

成为历届冬奥会夺得奖牌最多的中国选手。在女子空中技巧比赛中，被誉为中国自由式滑雪"三朵金花"的郭丹丹、徐囡囡和季晓鸥一同进入决赛，郭丹丹因失误而失去金牌。徐囡囡最后出场，用这次赛会的一个最高难度动作稳稳着地，以 99.40 的高分为中国赢得了自由式滑雪第 1 枚冬奥会银牌，这也是中国运动员自 1980 年参加冬奥会以来在雪上项目上取得的最好成绩。

中国运动员在本届冬奥会比赛中，共获得银牌 6 枚、铜牌 2 枚。尽管本届冬奥会中国运动员没有实现金牌"零"的突破，但总体水平有了明显的提高，花样滑冰双人、男子单人自由式滑雪、女子空中技巧、女子冰球、冬季两项女子 7.5 公里和 4×7.5 公里接力均取得了历史最好成绩，银牌数和奖牌数超过了往届的总和，在参赛的 29 个小项中有 13 个小项进入前 8 名。国外评论一致认为：中国运动员已经具备了夺取金牌的实力，只是由于某些"不可预测的因素"，金牌才连续从中国运动员手中滑过。

第19届冬奥会实现金牌零的突破

　　第19届冬奥会于2002年2月8日至24日在美国的盐湖城举行。中国此次共派出了72名运动员共参加7大项36个小项的比赛。中国冰雪健儿顽强拼搏，取得了冬奥史上运动成绩的新突破。中国台北代表团由4位选手参加了雪橇和雪车比赛。

　　短跑道速度滑冰在盐湖城西南的冰上中心进行。在这一大项的比赛中，中国短跑道速度滑冰运动员向金牌"零"的突破发起了冲击。在女子1500米比赛中，中国运动员杨扬没有发挥出应有的水平，金牌和银牌分别被年仅15岁和17岁的韩国选手高基玄和崔恩景获得。在女子500米比赛中，被誉为"世界短跑道速度滑冰女皇"的杨扬总结了1500米失利的原因，从预赛到决赛，没有给任何一名选手留有超越自己的机会，为中国赢得了首枚冬奥会金牌。接着在 1000 米比赛中，杨扬又为中国代表团赢得了第 2 枚金牌。

短跑道速度滑冰女子 3000 米接力赛中，中国队获得银牌。在男子 5000 米接力比赛中，比赛刚刚开始不到 10 圈，李佳军在和队友交接棒时，队友与一名加拿大队员撞在一起，摔出跑道。在这种不利的情况下，李佳军和队友们没有放弃，坚持拼搏，最终利用美国队的失误获得了 1 枚铜牌。在男子 1500 米比赛中，李佳军还为中国队夺取了 1 枚银牌，其在本届冬奥会上共获得 1 银 1 铜 2 枚奖牌。花样滑冰双人比赛中，中国运动员赵宏博和申雪发挥稳定，为中国夺得了第 1 枚花样滑冰双人冬奥会铜牌。在女子雪上技巧比赛中，中国上届冬奥会银牌获得者徐囡囡因连续失误，仅获得第 12 名。年轻新手李妮娜表现较出色，两跳动作难度总系数均为 6.70，空中质量较高，落地稳定，以 185.23 的总成绩获得第 5 名。

在本届冬奥会上，中国不仅获得了历史上的第 1 枚

中国代表团参加入场式

金牌，而且以2金、2银、4铜的佳绩跃居奖牌榜第13位，比上届上升了4个位次，在参加盐湖城冬奥会的亚洲国家和地区中排第1名。这成为本届冬奥会的一大亮点。中国冰雪运动健儿从1980年参加第13届冬季奥运会开始，经过22年的拼搏，终于在这届冬奥会上实现了金牌"零"的突破。

参加第 20 届冬奥会

2006 年 2 月 10 日至 26 日第 20 届冬奥会在意大利都灵举行。中国派出由 78 名运动员组成的代表团参加本届冬奥会滑冰、滑雪、冬季两项 3 个大项，短道速滑、花样滑冰、速度滑冰、自由式滑雪、越野滑雪、高山滑雪、跳台滑雪、单板滑雪、冬季两项 9 个分项和 47 个小项的比赛。中国台北代表团和中国香港代表团也参加了本届冬奥会。

本届比赛中，速度滑冰女子项目的 500 米赛事成为中国选手的天下。王曼丽在赛前是公认最具冠军潜力的选手。然而，竞技场风云变幻，女子速滑 500 米决赛战罢，伸手可及的金牌却与王曼丽擦肩而过，她落后俄罗斯的祖诺娃 0.21 秒，以微弱差距败北。祖诺娃以两轮比赛总成绩76秒57最终夺冠。虽然取得了出道以来分量最重的奥运荣誉，但走下领奖台的王曼丽却是声音哽咽、泪花飞落。王曼丽怎能不伤心？为了夺取奥运金牌，33岁的她仍奋斗在冰场上，最终却因心理包袱过重，与冠军失之交臂。同样是速度滑冰女子500米的比赛，中国女子运动员任慧取得了铜牌。这位小将初生牛犊不怕虎，依靠强烈的求胜欲望，在滑冰场上刮起了一股旋风。她的一滑成绩高居第4名，二滑成绩创全场之最，最终在高手如林的500米决赛中夺得1枚铜牌。

短跑道速度滑比赛的争夺更加激烈。在男子1500米比赛中，中国运动员李佳军获得了1枚来之不易的铜牌。和她同时代的队友早已退役，有的还成了他的教练。当初与他同场对抗的对手绝大多数也已退出冰场。在中国男队青黄不接的非常时刻，31岁的李佳军挺身而出。都灵大战，面对小他10岁左右的欧亚强手们，李佳军尽显前辈本色，首次出场便为中国队夺得第1枚奖牌。李佳军的能力正应了那句老话："老将出马，一个顶俩。"在男子5000米接力赛中，中国队派出了李蒿楠、李佳军、李野和隋宝库 4 名选手，曾一度领先，但随后出现交接棒失误，最后以 6 分 53 秒 989 的成绩名列第五。

21 岁的中国女选手王濛在 500 米短道速滑决赛中，凭借舍我其谁的过人气势和队友无私的合作，率先冲过决赛终点线，赢得了金牌。王濛的成功，极大地振奋了冰雪国手们的士气，为代表团创奖牌总数历史新高奠定了坚实的基础。女子 1000 米短道速滑比赛则呈现出鲜明的"中韩对决"场面。韩国最强选手陈善有和崔恩景、中国最强选手王濛和杨扬各据半边。洁白的冰面上，韩国队的蓝和中国队的红恰似海水与火焰，缠斗不休。比赛一开始，王濛的抢跑就给比赛增加了紧张气氛。倒数第 2 圈时，王濛的速度没能坚持到最后，而体力和后半程冲刺能力有绝对优势的陈善有轻松地在弯道时从外道反超，最终陈善有第 1 个冲过终点夺走金牌，王濛获得银牌，杨扬获得铜牌。

都灵帕拉维拉体育馆见证了中国花样滑冰选手带伤参赛的动人一幕，这一幕感动了现场观众，也感动了世界。3 对中国双人滑选手以伤病之躯名列第 2—4 名，创

王濛夺取女子 500 米短道速滑金牌

造了中国队的最好成绩。其中张丹和张昊虽然"抛四"以失败而告终，只能站在亚军领奖台上，但全场观众送给他们的掌声却是最多的，因为"抛四"的失败使张丹摔得不轻，就在连教练和队医都认为她无法滑完整套动作的时候，这位小姑娘却迸发出巨大的能量，又和同伴张昊出色地完成了余下的动作。其意志和表现让她成为全场最令人关注的选手和无愧的精神胜利者。另一枚花样滑冰双人滑的奖牌也为中国选手申雪与赵宏博获得。早在 4 年前，申雪和赵宏博就描绘出都灵冬奥会蓝图——夺取金牌。然而，半年前赵宏博在一次训练中遭遇重伤后就已经注定他俩很可能与奥运冠军无缘，对即将引退的老将来说，这无异于一场晴空霹雳。面对巨大打击，申雪和赵宏博选择了坚强，他们奇迹般地回到了冰场，虽然未能实现 4 年前的愿望，但胸前挂着的铜牌也绝不逊色于金牌，因为他俩是对"重在参与"精神的最好诠释者。花样滑冰双人滑的第 4 名由庞清和佟健获得。

在女子自由式滑雪空中技巧项目比赛中中国运动员也有不俗表现。李妮娜以 197.39 分获得了银牌，另外 3 位徐囡囡、郭心心和王姣分列第 4 名、第 7 名和第 11 名。在男子自由式滑雪项目比赛中，中国运动员韩晓鹏凭借超一流的心理素质，以两个教科书般的动作战胜白俄罗斯选手获得金牌。他的成功，送给了中国代表团一个意外的惊喜。

在本届冬奥会上，中国代表团以 2 金、4 银、5 铜的成绩排在第 14 名。中国代表团奖牌总数超过历届，并在一些落后项目上取得了进步，尤其雪上实现了金牌"零"的突破，多个项目赛出了最好成绩，不少项目首次出现了中国选手的身影，尤其是花样滑冰选手所表现出的良好精神风貌赢得了广泛的国际赞誉。

参加第 21 届冬奥会

2010 年 2 月 12 日至 28 日第 21 届世界冬奥会在加拿大温哥华举行。中国派出 91 名运动员参加本届冬奥会，在速度滑冰、花样滑冰、短道速滑、高山滑雪、越野滑雪、跳台滑雪、单板滑雪、冬季两项、冰球、冰壶共 10 个大项的 49 个小项的比赛中，一举夺得 5 枚金牌、2 枚银牌、4 枚铜牌，首次进入冬奥会奖牌前八名，同时打破 2 项世界纪录和 4 项奥运会纪录，标志着中国冬季奥运会项目有了重大历史性突破。

在本届冬奥会比赛中，为中国代表团夺得首枚金牌的为牵手 18 年、双方都年过 30 的双人花样滑冰选手申雪、赵宏博。那天，压轴出场的申雪和赵宏博在意大利作曲家阿尔比诺尼《G 小调柔板》的配乐中，以如痴如

申雪、赵宏博（左）获取金牌后向观众致意

醉的表演和与音乐的高度契合，向全场观众和评委展示
出他们在滑行技术、衔接以及舞蹈等细节的饱满和深度，
以总分216.57圆梦温哥华，带着冬奥会金牌结束了自
己的运动生涯。这届冬奥会中，另一位值得记入史册的
是短道速滑选手王濛。王濛是上届冬奥会女子500米短
道速滑冠军获得者，在本届比赛中自然万众瞩目。这届
冬奥会，另一位队友、世锦赛亚军刘秋宏因伤未能参赛，
王濛只能孤军奋战，要知道，在500米项目上，队友的
协同作战和对对手的牵制作用是非常重要的。而此番王
濛在决赛中则要面对东道主加拿大队的围剿。然而，王
濛以超人的意志和娴熟的技艺——超越对手，以43秒

王濛、周洋、孙琳琳、张会获得女子短道速滑
3000 米接力金牌

48 的成绩第一个冲过终点，但她并未停止，而是直接冲向教练李琰，跪倒在地，拜谢恩师，这一镜头被历史永久定格了下来。王濛在蝉联冬奥会女子 500 米短道速滑冠军后，还要去进行女子 1000 米短道速滑的比赛。这项比赛前，王濛已身患感冒，论状态和体能，她远不如周洋。谁知比赛一开始，处于第一道的周洋启动稍慢，并没有抢到头名的领滑位置，而王濛由于处在最外道也没能抢到第一位置，让韩国的朴升智占了头名位置。这时，王濛凭借绝对的个人实力强行超越朴升智并开始领滑，最终将优势转化为胜势，以 1 分 29 秒 213 的成绩

又一次率先撞线。此后，王濛又与队友周洋、孙琳琳、张会携手夺得女子 3000 米接力比赛的冠军，开了中国选手在冬奥会上 1 人独揽 3 枚金牌的先河！中国代表团在本届冬奥会上还有颇多亮点，如中国自由式滑雪空中技巧队 8 人参加比赛，其中 7 人进入决赛，以 1 银 2 铜的成绩捍卫了中国队在该项目上的强势地位；中国女子冰壶队首次参加冬奥会，便夺得铜牌，表现出良好的团队风貌；中国女子冰球队亦不畏强手，每球必争，打出了风格和水平。

参加第 22 届冬奥会

2014 年 2 月 7 日至 23 日第 22 届世界冬奥会在俄罗斯索契举行。中国派出 66 名运动员参加本届冬奥会，在高山滑雪、越野滑雪、冬季两项、冰壶、单板滑雪、自由式滑雪、速度滑冰、花样滑冰、短道速滑的比赛中，夺得 3 块金牌、4 块银牌、2 块铜牌。

本届冬奥会中国代表团的奖牌数量与四年前的温哥华冬奥会比有所下降，这主要是夺金主力王濛和于静相继受伤遗憾告别索契所致。不过，8 名 90 后新人斩获奖牌，又不失为中国代表团的一个新的亮点，他们不仅为中国代表团夺得了金、银、铜牌，更使人看到了中国冰雪项目的未来。如年轻选手周洋，第 21 届冬奥会时异军突起，斩获了女子 1500 米短道速滑和女子 3000 米

周洋获得女子短道速滑 1500 米金牌

接力两枚金牌，这届冬奥会上又成功卫冕女子 1500 米短道速滑冠军，当之无愧地成为了中国在这个项目的领军人。还有，在本届冬奥会男子 1500 米短道速滑比赛中，为中国代表团夺取第一块奖牌的选手韩天宇，还不满 18 岁，他的表现不仅让现场采访的中外记者大呼"意外"，中国代表团原本也没有给他定下夺取奖牌的要求。再有，女子短道速滑的范可新，女子自由式滑雪的徐梦桃，男子自由式滑雪的贾宇洋，男子短道速滑的武大靖、陈德全、石竞男等，都是第一次参加冬奥会，分别在各自项目比赛中有骄人的表现，人们对他们在下届冬奥会中的表现寄予厚望。

张虹获得女子短道速滑 1000 米金牌

　　与往届冬奥会比，本届冬奥会中国代表团的另一个明显特点是外教多，如速度滑冰、自由式滑雪、单板滑雪、冬季两项、冰壶等项目，早在半年或一年前聘请了美国、加拿大、德国的共 10 名高水平外籍教练，这些教练和队员一起参加本届冬奥会。从这一侧面不仅能看到中国发展冰雪运动项目的决心，也看到了不久的将来中国跻身世界冬奥项目强国的希望。

中国选手历届冬奥会奖牌一览表

届 数	奖牌	比赛项目	运动员（或运动队）	成绩
第16届冬季奥运会	银牌	速度滑冰·女子500米	叶乔波	40秒51
		速度滑冰·女子1000米	叶乔波	1分21秒92
		短道速滑·女子500米	李琰	47秒08

届 数	奖牌	比赛项目	运动员（或运动队）	成绩
第17届冬季奥运会	银牌	短道速滑·女子500米	张艳梅	46秒44
	铜牌	速度滑冰·女子1000米	叶乔波	1分20秒22
		花样滑冰·女子单人	陈露	5.0分

届数	奖牌	比赛项目	运动员（或运动队）	成绩
第18届冬季奥运会	银牌	短道速滑·男子500米	安玉龙	43秒022
		短道速滑·男子1000米	李佳军	1分32秒428
		短道速滑·女子500米	杨阳	46秒627
		短道速滑·女子1000米	杨阳	1分43秒343
		短道速滑·女子3000米接力	中国女子速滑队	分16秒383
		自由式滑雪·女子空中技巧	徐囡囡	186.97分
	铜牌	短道速滑·男子5000米接力	中国男子速滑队	7分11秒559
		花样滑冰·女子单人	陈露	5.0分

届数	奖牌	比赛项目	运动员（或运动队）	成绩
第19届冬季奥运会	金牌	短道速滑·女子500米	杨扬	44秒187
		短道速滑·女子1000米	杨扬	1分36秒391
	银牌	短道速滑·男子1500米	李佳军	2分18秒731
		短道速滑·女子3000米接力	中国女子速滑队	4分13秒236
	铜牌	短道速滑·女子500米	王春露	44秒272
		短道速滑·女子1000米	杨阳	1分37秒008
		短道速滑·男子5000米接力	中国男子速滑队	6分59秒633
		花样滑冰·男女双人滑	申雪/赵宏博	4.5分

届数	奖牌	比赛项目	运动员（或运动队）	成绩
第20届冬季奥运会	金牌	短道速滑·女子500米	王濛	44秒345
		自由式滑雪·男子空中技巧	韩晓鹏	250.77分
	银牌	花样滑冰·男女双人滑	张丹/张昊	189.73分
		速度滑冰·女子500米	王曼丽	1分16秒78
		自由式滑雪·女子空中技巧	李妮娜	197.39分
		短道速滑·女子1000米	王濛	1分33秒079
	铜牌	短道速滑·男子1500米	李佳军	2分26秒005
		花样滑冰·男女双人滑	申雪/赵宏博	186.91分
		速度滑冰·女子500米	任慧	1分16秒87
		短道速滑·女子1500米	王濛	2分24秒469
		短道速滑·女子1000米	杨扬	1分33秒937

届数	奖牌	比赛项目	运动员（或运动队）	成绩
第21届冬季奥运会	金牌	短道速滑·女子500米	王濛	43秒048
		短道速滑·女子1000米	王濛	1分29秒213
		短道速滑·女子1500米	周洋	2分16秒993
		短道速滑·女子3000米接力	中国女子速滑队	4分06秒610
		花样滑冰双人滑	申雪/赵宏博	216.57分
	银牌	花样滑冰双人滑	庞清/佟健	213.31分
		自由式滑雪·女子空中技巧	李妮娜	207.23分
	铜牌	自由式滑雪·女子空中技巧	郭心心	205.22分
		自由式滑雪·男子空中技巧	刘忠庆	202.53分
		速度滑冰·女子500米	王北星	76秒63
		女子冰壶	中国女子冰壶队	/

届 数	奖牌	比赛项目	运动员（或运动队）	成绩
第22届冬季奥运会	金牌	短道速滑·女子1500米	周 洋	2分19秒140
		短道速滑·女子500米	李坚柔	45秒263
		速度滑冰·女子1000米	张虹	1分14秒02
	银牌	短道速滑·女子1000米	范可新	1分30秒811
		短道速滑·男子500米	武大靖	41秒516
		短道速滑·男子1500米	韩天宇	2分15秒055
		自由式滑雪·女子空中技巧	徐梦桃	83.05分
	铜牌	自由式滑雪·男子空中技巧	贾宗洋	95.06分
		短道速滑·男子500米接力	中国男子速滑队	6分48秒341

北京冬季奥运会

北京冬奥会的申办

　　北京冬奥会的申办始于 2013 年，当年 11 月 3 日，中国奥委会正式致函国际奥委会，提名北京市为 2022 年冬奥会申办城市。2014 年 1 月，经国务院批准，成立了 2022 年冬奥会申办委员会，当年 7 月 7 日，北京正式入围冬奥会候选城市。2015 年 1 月 6 日，北京冬奥申委向国际奥委会提交《申办报告》，当年 3 月 24 日至 27 日，国际奥委会评估委员到北京张家口实地考察，6 月 1 日，国际奥委会公布 2022 年冬奥会候选城市《评估报告》，6 月 9 日至 10 日，北京冬奥申委向国际奥委会作候选城市陈述。7 月 31 日，在国际奥委会第 128 次全会表决前，中共中央总书记、国家主席习近平通过视频向国际奥委会委员致辞，代表中国政府和人民表达对举办2022年冬奥会的期盼之情和坚定支持，表示中国政府高度赞赏奥林匹克运动价值和国际奥委会的改革主张，将全面实现每一项承诺，全方位践行《奥林匹克2020议程》；接着，中国奥委会主席、国家体育总局局长刘鹏，北京冬奥申委主席、北京市长王安顺，国际奥委会副主席于再清，中残联主席张海迪，国际奥委会委员、冬奥会冠军杨扬，北京冬奥申委总体策划部负责人杨澜，北京申冬奥形象大使、篮球运动员姚明，北京申冬奥形象大使、女子自由式滑雪空中技巧世界冠军李妮娜等代表团成员，先后分别进行陈述。随后国际奥委会委员进行不计名投票，结果北京以44票对40票赢得2022年第24届冬奥会举办权。

北京奥申委在申办过程中提出了北京冬奥会三大理念，即以运动为中心、可持续发展、节俭办赛。

北京奥申委在申奥过程中还选定了北京冬奥会标识，这个标识是以中国书法"冬"字为主体，将抽象的滑道、冰雪运动形态与书法巧妙结合，人书一体、天人合一；"冬"字下方两点顺势融为2022，生动自然。

标识下方则是国际奥委会的五环标识。这个标识既展现了冬季运动的活力与激情，更传递出中国文化的独特魅力。标识运用奥运五环色彩彰显动感、时尚和现代，将中国文化、体育和奥林匹克精神相融合。

经国际奥委会认可，2022 年冬奥会共设 15 个大项、102 个小项；开幕时间是 2 月 4 日，闭幕时间是 2 月 20 日。

北京冬奥会组织委员会

主　席
　　郭金龙　　中共北京市委书记

执行主席
　　苟仲文　　国家体育总局局长
　　蔡　奇　　北京市市长
　　张庆伟　　河北省省长
　　张海迪　　中国残疾人联合会主席

执行副主席
　　张建东　　北京市副市长

副主席
　　杨树安　　国家体育总局副局长
　　许　宁　　河北省政协副主席
　　鲁　勇　　中国残疾人联合会副主席
　　于再清　　国际奥委会副主席

北京冬奥会场馆

　　2022 年北京冬奥会分北京、延庆、张家口三个赛区，各类场馆共 25 个，其中 12 个竞赛场馆，3 个训练场馆，3 个奥运村，3 个颁奖广场，3 个媒体中心。

一、北京赛区场馆

　　北京赛区共 12 个竞赛和非竞赛场馆，其中 11 个为 2008 年奥运会遗产，这 11 个中有 9 个可直接使用。北京赛区是三个赛区中场馆最多的赛区，有 7 个场馆集中在北京奥林匹克公园内。北京的 12 个场馆又分为 5 个竞赛场馆和 7 个非竞赛场馆。

　　竞赛场馆是：①国家速滑馆。用于速度滑冰比赛。该馆为新建项目，地址在奥林匹克公园两侧，观众席位

12000人。内设400米滑道。②国家游泳中心（水立方）。用于冰壶比赛。观众座席4500人。该馆仅做内景改造。③国家体育馆。用于男子冰球比赛。观众席位18000人。仅做内景改造。④五棵松体育中心。用于女子冰球比赛。观众席位9000人。⑤首都体育馆。用于短道速滑、花样滑冰。观众席位18000人。非竞赛场馆是：⑥国家体育场（鸟巢）。用于冬奥会的开幕式和闭幕式。观众席位9100人。⑦北京奥运村。北京冬奥运动员村将建于奥体中心南侧，采用中国古典园林设计理念。奥运村容量为2260人。⑧国家会议中心。用作新闻中心、国际广播中心。⑨北京颁奖广场。为临建场地，位置在水立方和鸟巢之间，观众席位10000人，赛后拆除。⑩首都滑冰馆。为现有场馆，供赛前训练用。⑪首都综合馆。为现有场馆，供赛前训练用。⑫首体短道速滑馆。为训练场馆，新建于首都体育馆院内，赛后为国家体育总局冬运中心短道速滑队训练用。

二、延庆赛区场馆

延庆赛区共 5 个场馆，其中 3 个为新建场馆，2 个为临建场馆。

竞赛场馆是：①国家高山滑雪中心。用于高山滑雪比赛。观众座席 5000 个，站席 3500 个。该滑雪中心共设 2 条比赛雪道、2 条训练雪道和 1 条技术备用雪道。冬奥会所有高山项目（滑降、超级大回转、超级全能、大回转和回转）的比赛、训练均在这里进行。其中难度最高的项目——男子滑降项目赛道的起点海拔为 2190 米，终点海拔 1360 米，垂直落差 890 米，赛道长度 3085 米。②国家雪车、雪橇中心。用于雪车、雪橇比赛。观众座席 2000 人，站席 8000 人。该中心为新建场馆。场地赛道较为特殊，如同一个冰制半管，总长度约 1.4 公里，前 2/3 赛道弯多、坡陡，后 1/3 弯少、坡缓。非训练场馆是：③延庆奥运村。容量为 1430 人。该村为新建项目，依山而建，海拔高度约 950 米，拥有 945 个房间。④延庆媒体中心。该中心 9000 平方米，为临时性建筑，赛后拆除。⑤延庆颁奖广场。该广场观众席 8000 个，为临时性建筑，建在延庆会展中心广场，赛后拆除。

三、张家口赛区场馆

张家口赛区共 8 个场馆，其中 2 个为现有场馆，4 个为新建场馆，2 个临时性场馆。

竞赛场馆是：①云顶滑雪公园场地。该场地为自由式滑雪、单板滑雪（障碍追逐、坡面障碍技巧、U 型场地技巧、单板平行回转、平行大回转）比赛场地。观众座席 5000 个。为现有场地。②云顶滑雪公园场地。该场地为自由式滑雪、单板滑雪（空中技巧、雪上技巧）比赛场地。观众座席 5000 个，站席 2500 个。为现有场地。③冬季两项中心。该中心为新建场地，用于冬季两项比赛。观众座席 5000 个，站席 5000 个。④北欧两项中心跳台滑雪场。该中心为新建场地。⑤北欧两项中心越野滑雪场。用于越野滑雪和北欧两项比赛。该场地为新建临时性场地，赛后部分设施拆除改造为体育公园。观众座席 5000 个，站席 5000 个。非竞赛场馆：⑥张家口奥运村。容量 2640 人。该村为新建项目，建在海拔 1600 米的高度，全村拥有 1729 个房间。⑦张家口山地媒体中心。该中心位于云顶酒店及其停车场位置。为现有设施和部分临时设施建设的结合，共 9000 平方米。临时部分赛后拆除。⑧张家口颁奖广场。该广场建在崇礼县城，观众席 10000 个。为临时性建筑，赛后拆除。

附　录

国际滑雪联合会（FIS）。1924年成立于法国夏蒙尼。总部设在瑞士伯尔尼（主席居住地）。国际滑雪联合会是国际奥委会承认的国际单项体育组织，是国际体育联合会成员。现有会员100多个。国际滑雪联合会的任务是促进滑雪运动发展并把握方向，在协会会员间及各国运动员间建立和保持友好关系，组织世界滑雪锦标赛、世界杯和大洲杯赛以及联合会批准的其他比赛，制定并监督规则的执行。联合会由各国滑雪协会组成，只有代表本国大多数滑雪选手的协会才能成为本联合会会员。联合会有决策权的是代表大会、理事会，起咨询作用的是专门委员会、分委员会和工作组。中国滑雪协会于1979年加入国际滑雪联合会。

国际有舵雪橇和平底雪橇联合会（FIBT）国际奥委会承认的国际单项体育联合会，简称"国际橇联"。1923 年 11 月 23 日成立于法国巴黎，总部设在意大利米兰。有会员协会 54 个。其最高权力机构是代表大会，每年召开一次，每个会员协会有 1 票表决权。正式工作语言为法语、英语和德语。国际橇联的日常工作由执行委员会负责。执行委员会由 1 名主席、4 名副主席（分别主管国际事务、运动项目及滑道、雪橇和器材装备），医务委员会主任、审计、其他方面代表和秘书长组成。任期 4 年。国际橇联现任主席是斯托里（加拿大）。国际橇联的会员分普通会员和特殊会员。只有本国奥委会承认的全国性有舵雪橇和平底雪橇协会才有资格成为国际橇联的普通会员。国际橇联在一个国家只接纳 1 个会员。如果一个国家没有全国性的协会，则该国有一个俱乐部可成为国际橇联的特殊会员。国际橇联负责举办下列比赛：冬季奥运会赛、世界锦标赛、各洲锦标赛、各洲青年锦标赛。中国于 1984 年参加国际橇联。

国际冬季两项联盟（IBU）国际奥委会承认的国际单项体育联合会。1960年冬季两项与现代五项为同一组织，称"国际现代五项和冬季两项联盟"。1993年7月2日国际冬季两项联盟正式成立，但直到1998年冬季奥运会后才获国际奥委会、国际体育界正式承认其为独立组织。两项联盟总部设在奥地利。现有会员协会60个。其最高权力机构是代表大会，每两年召开一次。每个会员有1票表决权。闭会期间的领导机构是执委会，由联盟主席、副主席、秘书长（无表决权）和4名委员组成。联盟正式工作语言为英国。现任主席是贝塞伯格。联盟下设运动员委员会、技术委员会、发展委员会、医务委员会（以上由代表大会选举产生）和信息委员会、财务委员会、营销委员会、法律委员会等（以上由执委会选举产生）。联盟负责的主要比赛有奥运会赛、世界锦标赛、世界杯赛等。

　　国际滑冰联盟（ISU）国际奥委会承认的国际单项体育联合会，简称"国际滑联"。1892年7月23日成立于荷兰斯海弗宁恩，总部设在瑞士洛桑。现有会员协会73个。其最高权力机构是代表大会，每两年召开一次。每个会员协会可派不多于6人的代表参加，但只有两票表决权（速度滑冰和花样滑冰各1票）。正式工作语言为英语、德语、法语和俄语。代表大会闭会期间，国际滑联的领导机构是理事会。理事会由主席、负责速度滑冰和花样滑冰的第一和第二副主席以及3名速滑委员、1名速滑候补委员、3名花样滑冰委员、1名花样滑冰候补委员组成。秘书长由理事会任命。理事会由代表大会选举产生，任期4年，每年至少开会1次。国际滑联现任主席是钦宽塔（意大利）。国际滑联下设5个专业委员会：速滑委员会、花样滑委员会、冰上舞蹈委员会、短跑道滑委员会、集体滑委员会。另设有申诉、医务、教练委员会等。各专业委员会由主席和3名委员组成，其职责是进行技术总结，确定总裁判、裁判和发令员名单，就发展速滑、花样滑和冰上舞蹈提出建议。国际滑联举办的比赛有：欧洲、世界男子速滑锦标赛与花样滑锦标赛；欧洲、世界女子速滑锦标赛与花样滑锦标赛；

短距离（500 米和 1000 米）速滑世界锦标赛；世界青年（男、女）速滑与花样滑锦标赛以及 4 年一次的冬奥会速滑与花样滑赛。国际滑联出版的正式刊物是《通讯》（Communication）。中国滑冰协会于 1956 年加入国际滑联。

国际冰球联合会（IIHF）国际奥委会承认的国际单项体育联合会，简称"国际冰联"。1908 年成立于法国巴黎，总部所在地由理事会决定，设在瑞士苏黎世。现有会员协会 55 个。国际冰联分为欧洲和北美洲两个组。按章程规定，其他洲也可成立小组。在尚未成立洲级组织的地区，各会员国有权决定参加任何一个小组的活动。国际冰联的最高权力机构是代表大会。在世界锦标赛和欧洲锦标赛时举行的代表大会称作年会，负责解决除非常紧迫问题外的所有与锦标赛有关的问题。每 4 年举行一次的代表大会称作总结选举大会，解决有关国际冰联活动的问题。每个会员协会只有 1 票表决权。如果某会员协会派队参加了近两届世界冠军赛中的一次，或参加举行代表大会同时举办的世界冠军赛，并且又能完成冰联交给的任务，则该会员协会可多获1票表决权。理事会理事每人有1票表决权。如大会表决票数相等时，主席的票是决定票。所有会员国的语言都是国际冰联的正式语言，会议通用英语和德语。代表大会闭会期间，领导机构是理事会。理事会由主席1人，副主席3人，秘书长1人，司库1人和理事6人组成。每届任期4年。国际冰联现任主席是法塞尔（瑞士）。下设技术委员会、规则委员会、青年委员会和医务委员会等专业委员会。负责主办的主要比赛有：世界锦标赛（男、女）和欧洲锦标赛（男、女，如世界、欧洲两项比赛同时举行，欧洲锦标赛成绩则另记）；俱乐部队欧洲冠军杯赛；欧洲少年（18岁以下）锦标赛和世界青年（20岁以下）锦标赛；冬季奥运会冰球赛。中国于1957年加入国际冰联。